RETOUR DE BARBARIE

DU MÊME AUTEUR

—

Zobain. Gallimard, 1936. (Finitude, 2016)
Quand vient la fin. Gallimard, 1941.
L'apprenti. Gallimard, 1946.
La confession de Diogène. Gallimard, 1947.
La main passe. Éditions du Scorpion, 1947.
Un romancier dit son mot. Corrêa, 1948.
La peau dure. Éditions des Artistes, 1948. (Finitude, 2017)
Parmi tant d'autres feux... Gallimard, 1949.
Fragment testamentaire. Éditions d'Art Vulc, 1950.
Du côté de chez Malaparte. La Boîte à Clous, 1950. (Finitude, 2009)
Empédocle. Gallimard, 1950.
La tête vide. Gallimard, 1952.
Les poulpes. Gallimard, 1953.
Le pus de la plaie. Le Tout sur le tout, 1982.
Le temps de la sottise. Le dilettante, 1988.
Humeurs. Le dilettante, 1996.
Correspondance avec Henri Calet. Le dilettante, 2005.
Lettres à Sonia. Gallimard, 2005.
Lettre à Déjanire. La Nerthe, 2006.
Chroniques d'une année. La Nerthe, 2015.

RAYMOND GUÉRIN

RETOUR DE BARBARIE

Préface de

JEAN-PAUL KAUFFMANN

FINITUDE

Le présent recueil rassemble deux livres précédemment publiés aux éditions Finitude : *Retour de Barbarie* (2005) et *Représailles* (2006).

Photo de couverture : Raymond Guérin en captivité, DR.

ISBN 978-2-36339-165-0

Préface

Le maréchal des logis Raymond Guérin est âgé de trente-huit ans lorsqu'il débarque au début du mois de décembre 1943 à la gare du Nord. Il vient de passer quarante et un mois au stalag. Son refus de travailler lui a valu de subir une détention très dure. Ballotté d'un camp disciplinaire à l'autre, le matricule 51873 a tenté de lutter contre la dépression et la morosité des jours par la lecture et l'écriture. Il rapporte d'Allemagne des milliers de pages dont la première version des Poulpes *sans parler d'un journal de captivité commencé le 28 août 1939 et qu'il achèvera en octobre 1944. Ce journal intitulé* Le Temps de la Sottise *comprend neuf carnets plus un dixième que Guérin abandonnera au bout de dix pages.*

Ce Retour de Barbarie, *extrait du neuvième carnet, raconte le retour du prisonnier en France, son arrivée chez Jean Paulhan ainsi que ses visites chez Gallimard qui a édité ses deux premiers livres :* Zobain (1936) *et* Quand vient la fin (1941). *Dans la France occupée, alors que la NRF de Drieu a cessé sa parution en juillet, Guérin renoue avec Marcel Arland et Jean Grenier qui l'ont encouragé à ses débuts. Il rencontre Sartre et Chardonne et fait parmi d'autres la connaissance de Queneau, de Camus et de Clara Malraux.*

De tout le journal de captivité, qui reste inédit, à l'exception de fragments publiés en 1988 par Le Dilettante, sous le titre Le Temps de la Sottise, *ce neuvième carnet est sans doute le plus riche et le plus vivant. Avant de rejoindre Sonia, qu'il épousera quelques semaines plus tard à Saint-Michel de Montaigne, Guérin s'attarde plus de deux semaines à Paris, comme si après son séjour en Barbarie, il éprouvait le besoin de s'absorber, voire de s'oublier dans le monde littéraire parisien dont, du reste, il n'a jamais fait partie. Un monde qui intimidera toujours le représentant bordelais de la Mutuelle de Poitiers.*

Fils d'un limonadier qui s'est élevé à la force du poignet, Guérin, né en 1905, entamait des études de droit lorsque son père lui ordonna brutalement de partir pour Paris afin d'y travailler dans l'hôtellerie de luxe, le sommet de la profession pour ce patron de la brasserie Duménil, sise boulevard du Montparnasse. Bien sûr le fils déteste vite ce métier qu'il ressentira comme l'humiliation absolue. Épreuve qu'il va raconter dans L'Apprenti (1946), *écrit pour une large part au stalag. Renvoyé du Terminus Saint-Lazare, le jeune Guérin revient à Bordeaux où son père lui achète en 1928 un portefeuille d'assurances.*

Bourgeois en dissidence, ni vraiment plébéien, ni vraiment fils de famille, autodidacte à la fois laborieux et très virtuose, l'ancien sous-officier réfractaire surgit en cette fin d'année 1943 comme un revenant, dont, à vrai dire, on n'avait guère perçu l'absence. Interrogé avec sympathie et curiosité sur son expérience, Guérin sent vite qu'en ces temps incertains, ses interlocuteurs ont d'autres soucis en tête. Il est vrai que l'homme comme l'œuvre provoquent le malaise. Il en sera toujours ainsi. Difficile d'analyser la nature de cette gêne ! Pour reprendre l'expression de Georges Perros — un autre « hors venu » —, « il laisse le gaz ouvert. Mais où ? » Cette anomalie tient probablement au fait que ce self-made-man de la littérature est à la fois dedans et dehors. Provincial jouant très sérieusement à l'homme de lettres en même temps que peu dupe de sa marionnette — il affectionne ce mot tiré de Monsieur Teste *—, à la fois modeste et très mégalomane, il revendiquera toujours « l'amer délice d'être incompris ».*

Significative est l'attitude de Guérin en 1941 lors de l'affaire du Goncourt. Refusé en 1939, le manuscrit de Quand vient la fin *est finalement accepté par Gaston*

Gallimard. Le nom du prisonnier est alors évoqué pour le prix. Lui-même est persuadé qu'il n'a aucune chance mais, gagné par un certain sentiment de son importance, il finit par y croire d'autant plus que la distinction peut hâter sa délivrance. « Il vous manque à un point extraordinaire de vous accepter tel que vous êtes », lui écrira un jour Paulhan.

Outre le fait que ce journal constitue un document assez rare sur le Paris occupé et l'atmosphère qui règne à la NRF, demeurant envers et contre tout « la rose des vents » de la littérature française comme la qualifiait Mauriac, Retour de Barbarie *marque la brisure d'un homme qui ne se remettra jamais de la captivité. Grelottant dans une vieille tenue militaire pisseuse, l'ancien captif souvent accompagné de Cartier-Bresson erre dans les couloirs de la rue Sébastien Bottin et dans un Paris vert-de-gris, cherchant à comprendre ce qui a bien pu se passer pendant son absence. Rien justement… « C'était à se demander si la guerre n'avait jamais eu lieu, si elle n'avait pas été un cauchemar dont j'avais été l'unique victime. » Guérin s'aperçoit rapidement qu'il a quitté la Barbarie pour retrouver le temps de la Sottise — révélateur est le spectacle plein de suffisance que lui offre la comédienne Madeleine Sologne.*

Ce constat n'est pas fait pour apaiser cet homme que tout blesse. Il doit ravaler sa rancœur. Sauf une fois. Pressé par Arland de rendre une visite de courtoisie à Jacques Chardonne qui a contribué à sa libération, Guérin s'exécute mais ne peut s'empêcher de dire son fait à l'auteur sulfureux de Chronique privée de l'an 40. *Ce dernier ne se prive d'ailleurs pas de faire remarquer à Guérin qu'au sujet des Allemands il pensait tout autrement en 1940: « Vous comptiez sur eux pour nous éduquer», lui fait-il observer avec perfidie.*

Se dessine aussi dans ces pages l'attitude de refus de Guérin qui ira en s'aggravant jusqu'à un isolement presque total à la veille de sa mort en 1955. Décidé à se préserver de toute atteinte dans sa vie intérieure, le Grand Dab — le nom de son double dans Les Poulpes *— montre qu'en dépit des conseils qu'il réclame auprès de Grenier, Arland, Sartre ou Camus, il ne se laissera en fait jamais diriger, sauf peut-être par Paulhan, le «Juge», comme il le surnomme. Guérin ne s'en est rapporté qu'à lui-même, au point de s'être parfois abusé sur sa propre personne et sur autrui, mais il a toujours voulu vivre à l'intérieur de sa création, considérant la littérature comme la seule forme de salut.*

Le changement perpétuel de manière — mais non pas de style —, cette aptitude exceptionnelle à se redéfinir, à changer de forme, d'esthétique, tous ces masques superposés font que Monsieur Hermès — encore un autre double, héros de L'Apprenti, *aussi insaisissable celui-là que le dieu grec — n'a jamais un visage identifiable.*

L'impossibilité pour notre écrivain arlequin à entrer dans une catégorie lui a beaucoup nui. Elle explique en partie la désaffection dont il est victime aujourd'hui même si s'observe çà et là un frémissement qui ressemble à un début de réhabilitation. Son attitude de recherche, l'éclectisme des voies et des moyens qu'il a choisis, le désir de tout éprouver et de tout dépasser, cette façon tragi-comique de voir le monde (dans ce texte, il se voit souvent se regarder comme plus tard Monsieur Hermès dans L'Apprenti*), bref cette voix dérangeante et déplacée qu'on appelle le style commence à faire écho. On dresse l'oreille à un appel aussi singulier.*

JEAN-PAUL KAUFFMANN,
JUIN 2005

11 novembre 1943 - Camp d'Holderstock

Il y a vingt-cinq ans... Je me souviens. J'avais treize ans. C'était le soir. J'habitais alors une des plus vieilles villes, une des plus nobles, de la province française. Sur la Place d'Armes, où le courant de la foule nous avait poussés, mes parents et moi, nous étions portés par les courants confus d'une mer humaine en délire. Vingt-cinq ans ! Toute ma vie consciente se trouve inscrite dans ce pauvre laps de temps. Et pendant tout ce temps, je n'ai cessé d'être obsédé par le spectre de la guerre. Médiocrité du Souvenir ! Me voici incapable de me souvenir de la nature de ce fameux jour vieux de vingt-cinq années ! Était-il gris et décoloré comme l'est cet aujourd'hui ? Oh ! j'imagine que la couleur du ciel ne devait guère déteindre sur des cœurs qu'une joie si irrépressible faisait tressauter de bonheur. Toutes les apparences étaient emportées, effacées. Il n'y avait plus de tangible que cette évidence qui assurait tant de millions d'êtres que c'en était enfin fini du cauchemar et de la menace. Aujourd'hui que vingt-cinq années ont roulé sur ces heures sublimes et, un peu folles sans doute, moi non plus je ne me laisse pas assombrir par cet après-midi qui n'en finit pas de faner et de flétrir sous mes yeux.

Je ne connais plus le Printemps, ni l'Été, ni l'Automne. Il paraît que c'est l'Automne en ce moment. Il vente, c'est vrai ! il vente un vent aigre et la pluie se fracasse sur la cour comme un galop. Demain, la neige sera là, tourbillonnante, dans son éternelle chute. Il y a donc un monde, ailleurs, où les yeux peuvent voir les roses s'effeuiller et une goutte d'eau trembler sur la joue de leurs pétales ? Il y a donc un monde, ailleurs, où la froide et herbeuse odeur de la terre campagnarde envahit les villes, et, au plus profond d'elles, répand partout l'odeur pourrissante des lourds chrysanthèmes ? Il y a donc un monde, ailleurs, où le décor change avec les saisons, où le passage des grands oiseaux migrateurs trace, dans le ciel d'Automne, des signes convenus, où l'on sait encore ce qu'il peut y avoir d'émouvant dans la vue d'un perron vétuste que la mousse envahit, d'une allée où s'abandonne le désordre crissant des feuilles mortes, où la mer change de teint comme un visage que blêmirait la colère et où sa violence même semble chargée d'approfondissements ? L'Automne ! Pour nous, ici, il n'y a pas d'Automne ! Seulement cette poussée aigre d'une brise qui fait frissonner la nature comme un plumage timide, et seulement ce ciel sans couleur, sans hauteur et sans transparence. Pourtant, mon cœur est plus chaud que jamais de tendresses contenues. Rien n'a pu le durcir. Il suffit de l'écouter battre, là, dans un court répit de solitude et tout le vieux passé adorable et libre, s'anime doucement de nouveau. Alors, comment douter ? Le présent, c'est en vain qu'il nie l'évidence prochaine. Et cette joie attendue, c'est dès maintenant qu'on peut s'y livrer si on a été assez attentif à la merveilleuse, à l'épouvantable promesse de l'espoir. Il viendra, il va venir le jour où les hommes de la Terre entière entendront retentir les fanfares triomphantes, les mêmes fanfares qu'il y a vingt-cinq ans. Elles sont déjà en route. Mon cœur me dit qu'elles approchent. Et cette seule certitude fait qu'en cet après-midi, je peux les écouter les yeux fermés, projeté mystérieusement en avant du Temps qui s'écoule et supprimant l'Espace qui me sépare de mes bonheurs dans un mouvement contre lequel la force même s'achoppe.

Ô Fatalité de l'Univers ! Pourquoi, hélas ! lui faut-il constamment entretenir la menace du Pandore ? Pourquoi, finalement, en sauve-t-elle toujours les hommes ? Nos bonheurs s'affadiraient-ils à ce point si nos vies n'étaient pas hantées ? Et ne jouissons-nous de vivre que dans la mesure où nos spectres s'acharnent à nous contraindre ? Il n'y a pas encore assez d'hommes qui savent ce que c'est d'être libre. Et le pire, c'est l'illusion qu'ils en ont cependant. Ils veulent manger, s'étourdir, se précipiter dans un labeur stupide. Ils sont aveugles à leur loi biologique. Ils ne comprennent pas qu'il leur faudrait avant tout accorder leur sentiment vital au sentiment du Temps qui leur est donné. Ils n'entendent pas l'appel de la Terre qui leur crie que ses espaces sont riches des merveilles les plus simples et les plus accessibles et qu'ils sont des insensés de subir si passivement les heures mornes de la vie étroite, les nuits sans expérience et sans repos.

Moi-même, ici, au fond de cette léproserie de ma réclusion, je n'ai cessé d'entretenir en mon âme le feu de tant de beauté. Je repoussais, de Baudelaire, la fameuse esthétique de la laideur. Je n'admettais pas qu'il y eût pour moi le moindre profit dans la vue de ces murailles de barbelés — si sadiquement transparentes — dans l'exercice de cette existence si glaireuse. Mais je ne renonçais pas, pour tout, à l'avenir. Je savais bien, quand tant d'autres ici même l'avaient depuis trop longtemps oublié, qu'il y avait, qu'il y aurait plus tard, un jour, de quoi renouveler ma vision du monde. N'était-ce pas de ce renouvellement, en fin de compte, dont j'avais été et dont je reste tragiquement le plus privé ? Ici, comment renouveler ma vision du monde ? Depuis quarante-deux mois mes yeux n'ont pas eu autre chose à regarder que des baraques, que des barbelés et que des miradors. Depuis quarante-deux mois — faute d'en avoir eu, une seule fois, un seul instant, sous les yeux — je ne sais plus ce que c'est qu'un coq, qu'un cheval, qu'une fleur, qu'une enfant, qu'un jardin, qu'une femme, qu'une rue, qu'un tramway, qu'une boutique, qu'un appartement. Le monde des vivants, depuis quarante-deux mois, ne répond plus. Rien à faire ! Nous sommes coupés ! Pour un romancier, quel drame ! Oui, c'est ce que je pourrais dire si je poussais la complaisance jusqu'à patauger dans le tragique c'est-à-dire à caresser de nouveau cette marionnette qui dort en moi. Toutefois, il y aurait aussi dans mon cas un certain masochisme à nier les meurtrissures de plus en plus graves de ma délicatesse. L'existence barbare qui m'est imposée, m'a donné la nausée de tout ce qui est grossier et abject. Si je sors un jour de cette vallée infernale, j'assure que l'on me verra plus que jamais avide des formes les plus raffinées de la vie. Non ! ni la gadoue, ni la crasse, ni la fumée, ni les loques, ni les obscénités, ni les rudesses immondes du milieu n'auront eu raison de moi. Moi aussi j'ai été revêtu du manteau d'amiante. On ne m'aura pas eu. Au contraire, je suis tellement sûr de savoir désormais étreindre les choses comme je ne l'ai jamais su autrefois. C'est là un aveu pénible à faire mais je me le dois à moi-même : j'ai lamentablement manqué le spectacle du monde autrefois. Et le plus navrant c'est que je n'ai pris conscience de ma déficience qu'au moment où il était trop tard, momentanément, pour réparer. Oh ! mais je réparerai. Comme je serai attentif ! Comme je serai habile à capter ce monde qui m'entoure et m'escorte ! Il me semble que, dès mon premier pas dans la vie des vivants retrouvée, je serai à l'affût des plus insignifiantes manifestations de la nature et des hommes et prêt à leur donner justement une signification prodigieuse. Il me semble que, sur ce plan, les épreuves ne m'auront rien enseigné ou plutôt si : qu'elles m'auront enseigné à faire plus de cas que jamais de ces délicatesses qui font le prix d'une existence humaine. C'est que — et je suis bien placé pour en faire l'aveu au moment où me voilà entrant avec les autres dans les glaces d'un cinquième hiver — depuis que j'ai perdu la liberté, je n'ai pas eu une seule fois chaud au cœur. Oui, transi, même dans le plein des étés, je n'ai cessé de l'être moralement. Aussi, comment ne pas sentir plus durement l'exil en ces jours où les nuages porteurs de la longue neige, commencent à cerner notre horizon de toutes parts ? Parbleu ! n'est-il pas naturel que nous parions la vie des vivants — pourtant si cruellement tourmentés — et la fassions l'égale de mille rêves ? D'ici, nous avons tellement l'impression que ces deux mondes — le nôtre et le leur — resteront impénétrables et hostiles, quoi que nous fassions...

22 novembre 1943

J'interromps ces pages, subitement, dans l'émerveillement de la nouvelle qu'on vient de m'annoncer à l'instant : je suis sur la liste de ceux qui doivent rentrer en France. Je dois partir dans quelques jours. Est-ce possible ? Est-ce possible, vraiment ? Il y avait si longtemps que je n'y comptais plus ! Y avais-je jamais solidement compté ? Et voilà le miracle, le conte de fées, le coup de baguette magique qui déjà me tire du néant et ressuscite en moi les délicieuses angoisses de la Vie. Tout ce que j'avais si délibérément écarté depuis des années, tout ce que j'avais écarté, repoussé d'un grand geste du bras : Plus tard ! Plus tard ! voilà que cela revient maintenant m'obséder. Il faut faire face. Soucis, préoccupations, problèmes, vous voilà de nouveau ! Je vivais sans responsabilités, sans relief, sans conscience, et c'est fini. Jamais plus ! Jamais plus je ne revivrai d'autres jours semblables à ceux si longs et si mornes que j'ai épuisés ici. Quelque chose s'achève, se rompt. Irrémédiablement. Déjà, c'est dans le passé que va s'inscrire et s'enfoncer l'expérience que j'ai vécue ici. Il me faut regarder en avant. Et si démuni que j'aie été — si assidûment malheureux — ce n'est pas sans une certaine nostalgie que je songe que ce monde est désormais clos pour moi. Jamais plus ! Il y a quelque chose d'affreux dans ce glas. La vie est là, pourtant, la vraie ! de l'autre côté de la porte qui va s'ouvrir pour moi. Mais je n'avais pas imaginé ce passage d'une façon si élémentaire. Voyons ! une sortie des Enfers, cela devrait compter dans la vie d'un homme ! Eh bien non ! C'est une simple formalité administrative, quelques pièces à signer, quelques bagages à faire, quelques mains à serrer — et pas toujours celles qu'on aurait souhaitées — puis la Vie ! Pourquoi la Vie, pour moi, tout d'un coup ? Et pas pour les autres ? Oh ! sottise triomphante ! Quatre années si pesantes, si terribles, quatre années qu'on n'oubliera pas, qui auront si farouchement marqué et qui s'achèvent sur un caprice, sur un coup de dés, en queue de poisson. On avait imaginé un drame de la fin, comparable à quelque déambulation dramatique et dangereuse dans le Labyrinthe. Et pas du tout ! On est simplement venu me frapper sur l'épaule pour me prévenir que pour moi c'était fini, que je pouvais m'éveiller de mon rêve et m'en aller librement sur la route de la vie, tandis que pour les autres le cauchemar continue. Ainsi, voilà comment s'achève ce qui fut mon drame. J'ai l'impression d'avoir manqué mon propre dénouement. Il n'y aura pas de pierre de faîte à ce monument. Je vais partir, je vais me mélanger à ceux qui vivent, me vêtir comme eux, agir comme eux, peut-être penser comme eux. Mais, et tout ce que je laisse derrière moi ? C'est si ridicule, cette situation, je me sens si gauche devant cette nouvelle fatalité, j'appréhende tellement les confrontations inattendues auxquelles je vais être soumis, que je ne peux me défendre d'éprouver une sorte de trac. C'est comme si j'allais devoir passer un concours, prendre la parole en public, monter sur les planches. Je sens une boule dans ma gorge qui m'étouffe. Les autres me demandent si je suis content, si je suis heureux. Et c'est en effet ce que je devrais être. Je m'étonne de n'être pas fou de joie, de ne pas sauter au plafond. Toutefois, ce qui compte, c'est cette boule dans ma gorge qui m'angoisse. Je ne peux arriver à me détendre. La joie est-elle trop forte ? Non ! il me semble que je n'ai même pas d'émotion, que ma sensibilité est comme détruite...

1er janvier 1944 - Montcaret

Mais *le Temps de la Sottise*[1] est-il vraiment fini pour moi ?

Je reprends ce cahier après six semaines d'interruption. Ce sont les premières lignes d'homme libre que je trace. Depuis le 22 novembre 1943 j'ai été livré à tant de

1. C'est le titre que Raymond Guérin a donné à son journal de captivité dont le présent texte constitue la dernière partie, celle du retour à la liberté. L'ensemble du manuscrit du *Temps de la Sottise* compte un bon millier de pages, il en tirera la matière de son roman *Les Poulpes*.

pérégrinations que c'est seulement aujourd'hui que je reprends un peu conscience de ce qui m'est arrivé, de cette chose énorme qui m'est tombée dessus ! Toutefois, il y a bien une chose qui n'est pas changée, c'est que je suis toujours dans *le Temps de la Sottise*. Les conditions ont pu, pour moi, se métamorphoser. Le fond du problème est resté le même. De tout ce que j'ai vu, déjà, autour de moi, je peux en retirer que le petit univers auquel les barbelés m'avaient intégré était bien un microcosme. Ici, parmi les vivants, je n'ai fait que retrouver, avec une intensité et une âpreté, accrues par les circonstances, le climat qui m'indisposait et m'indignait tellement pendant ma réclusion. Que je sois passé d'un pays barbare à un pays civilisé, certes ! cela ne fait aucun doute. Cela, je l'ai senti, dès la première heure, à des milliers de signes. Mais dirai-je que j'ai été tout de même choqué de constater à quel point les choses du ventre conservaient de leur importance chez les vivants ? De tant de choses dont je me suis déjà aperçu que j'étais privé matériellement dès que je suis sorti de ma prison, je sais que je peux admirablement me passer. Autour de moi, on se désole, on s'inquiète. Tous ces gens — après quatre ans ! — ne se sont pas encore montrés capables de transcender les petites contrariétés du ravitaillement difficile. Sans doute, sans aucun doute, nous vivons dans des Niagara de Sottise par le seul fait que nous nous trouvons frustrés de la plupart de ces biens, de ces nourritures, de ces mille choses dont la Terre regorge cependant. Moi aussi je sais — et je l'ai dit — que c'est le comble de la sottise que de vivre ainsi, que de jouer cette comédie des privations dont personne n'est dupe, je voudrais l'espérer. Mais enfin j'aimerais qu'on soit un peu moins esclave de ses viscères et enfin un peu moins laid dans l'exercice du quotidien. Que Diable ! ces gens ne savent pas ce que c'est que la liberté. Ou ils l'ont oublié et alors je souhaite qu'ils aillent faire un séjour là d'où je viens. Pour ma part, ce matin, profitant de cette clarté écrue du soleil, je me suis promené dans la paix et dans la solitude silencieuse d'une petite route de cette campagne périgourdine qui respire la civilisation. J'étais libre, enfin ! Je portais mon regard à ma guise sur des horizons variés et exquis. Je savais que je n'étais pas suivi, surveillé, gardé. Je pouvais m'arrêter, muser, repartir, changer de direction, parler ou ne pas parler aux gens que je rencontrais. Je ne dépendais que de moi-même, que de mon bon plaisir. J'étais disponible, conscient, inentamé. Eh bien ! en ces instants, que m'importait vraiment le menu qui m'attendait ? Ce que j'allais manger, vraiment, ne comptait guère dans mes pensées. J'étais tout au plaisir de vivre, d'être vivant, de sentir mon sang battre. Et bien que ma marche fût lente, il y avait dans mes membres, dans ma démarche même, une allégresse intrépide qui m'assurait que j'étais, que j'étais redevenu un homme heureux. Quelle luminosité dans l'air ! Il y avait quatre ans que je n'avais pas vu cela : le soleil du midi. Même en ce décembre, il éclatait dans le ciel avec une telle franchise que je comprenais pourquoi je l'ai toujours adoré.

Que sera-ce le jour où je reverrai la Mer ? C'est en effet seulement depuis que j'ai retrouvé cette quiétude à laquelle j'aspirais tant que ma sensibilité s'est un peu animée. Pendant toutes ces dernières semaines, je me suis bien cru détruit. Je ne sentais rien. Je n'étais plus capable d'émotion. Tout ce qui passait devant mes yeux — et qui aurait dû justement me frapper — me laissait indifférent. En vain j'attendais le choc. Il me semblait que je vivais un rêve sot, sans présence, je veux dire : sans que je m'y sente engagé. Rien, rien ! Je ne sentais rien. Je n'ai rien senti au moment du départ du Camp. Rien senti la dernière nuit. Rien senti au cours du dernier repas ou du dernier appel. Rien senti durant les dernières effusions, durant les dernières fouilles. Rien senti en franchissant la porte des barbelés, rien senti non plus en voyant disparaître derrière moi — je me suis plusieurs fois retourné cependant — le décor pustuleux des baraques inhumaines et des miradors. Rien senti en traversant, pour la dernière fois je l'espère, les rues frileuses et grises de cette ville du pays de Barbarie, rien senti dans le train qui m'emportait vers la liberté et les pays où vivent les Hommes Libres, rien senti au moment où les roues de mon wagon ont quitté ce sol abject des Barbares. Mais je n'ai rien senti non plus quand ces mêmes roues ont roulé sur un sol qui m'attendait. Rien senti quand mes yeux, au passage des premières bourgades, ont pu lire des mots aussi émouvants que : Café de l'Univers, Hôtel de France, Prenez un Byrrh, À la Belle Jardinière, Urinoirs : Dames-Messieurs, Ici on ferre à toute heure. Rien senti quand, sur un quai de gare, j'ai entendu, pour la première fois, parler français par des gens qui allaient et venaient librement car, dans nos wagons à bestiaux nous étions encore sous bonne escorte comme des pestiférés ou des criminels. Rien senti quand j'ai aperçu la première femme, la première jeune fille de mon pays. Rien senti quand elles m'ont adressé la parole. Rien senti quand j'ai enfin été vraiment libre. Rien senti dans le train qui m'emportait librement, cette fois, vers Paris. Rien senti à mon arrivée à la gare du Nord. Oui, rien senti en débarquant dans ce Paris natal où je n'arrivais jamais autrefois sans avoir le cœur délicieusement serré. Et même, ensuite, tout ce qui m'arriva, il me sembla réellement que c'était naturel et si naturel que je pouvais croire que je n'avais pas cessé un seul instant depuis quatre ans de participer à cette vie. Tout ce à quoi j'étais mêlé, n'était-ce pas autant d'événements sensationnels ? Il y avait quatre ans que je n'avais pénétré dans un hôtel et j'y pénétrais, quatre ans que je ne m'étais pas trouvé seul dans une chambre et je m'y trouvais, quatre ans que je n'avais pas dormi dans un vrai lit avec de vrais draps et un vrai traversin et j'allais y dormir, quatre ans que je n'avais pas joui du plaisir de lire à la lumière d'une ampoule électrique qu'on peut animer avec une poire et j'en jouissais, quatre ans qu'on ne m'avait pas servi mon petit-déjeuner au lit et on me le servait, quatre ans qu'on ne m'avait pas ciré mes souliers et on me les cirait, qu'on ne m'avait pas fait mon lit et on me le faisait, quatre ans que je n'avais pas su les agréments du chauffage central, de la toilette à l'eau chaude et je les savais, quatre ans qu'on n'avait pas été poli avec moi et on l'était, quatre ans que je n'avais pas respiré la bonne odeur d'un salon de coiffure et je la respirais me laissant tripoter délicatement le visage par les mains de celui qui me rasait, m'amusant de ces petits riens agréables que sont la serviette chaude, l'eau Gorlier et la poudre. C'était exactement comme si j'avais vécu les épisodes d'un rêve ou plutôt comme si mon *moi* véritable était resté dans la léproserie des barbelés mais qu'il se fût dédoublé et que ce fût ce double qui participât à tous ces épisodes stupéfiants. C'était sans doute pourquoi il n'y avait aucune place pour mon émotion. Je ne pouvais matériellement pas être ému. Instinctivement, c'étaient les vieux réflexes qui jouaient. Pour tout ce que j'accomplissais ou avais décidé d'accomplir ce n'était pas le reclus qui était mis en cause, c'était l'autre, l'homme d'avant la réclusion qui se superposait et s'identifiait à celui qui devait agir. Ainsi, c'est avec mes narines d'autrefois que j'ai capté les premières odeurs du Paris matinal, que je me suis grisé de l'odeur chaude et suffocante du Métro.

C'est avec mes vieux gestes d'autrefois que j'ai acheté un carnet de tickets, que j'ai cherché ma direction, que j'ai dévalé les escaliers ou parcouru les couloirs en y lisant distraitement — vieilles connaissances ! — ces réclames obsédantes des Théâtres et des Concerts qui s'y étalent entre deux étendues de carrelage. Le Métro ! Mais c'était hier que j'avais entendu le sifflement de ses portes, l'ébranlement de ses roues après l'aigreur du coup de corne. Non ! je n'étais pas le moins du monde dépaysé. Je retrouvais exactement les Parisiens et les Parisiennes d'autrefois avec leur sens de la tenue et leur courtoisie indéfectible. Si quelque chose me surprenait — une seule ! et c'était aussi la seule à laquelle j'aurais dû être habitué sortant d'où je sortais — c'était de voir mêlés à cette gentille et noble foule, les uniformes vert-de-grisés de ceux du pays de Barbarie. Oui, voilà ce qui me paraissait insolite. Il n'y avait que cela qui n'était plus dans l'ordre, qui n'était plus accordé à mon souvenir.

Et quand je dus demander mon chemin à un agent, quand je dus déambuler seul, boulevard Raspail, rue du Bac, quand je dus sonner chez Jean Paulhan rue des Arènes ou pénétrer à la N.R.F. où Gaston Gallimard m'attendait, quand je revis la Seine, quand je traversai le Pont-Neuf, quand je longeai le Louvre, quand je passai devant les Tuileries, quand je me trouvai rue de Rivoli, avenue de l'Opéra ou Place du Théâtre Français, non je ne fus pas décontenancé. Il n'y avait que ces affreux costumes verts qui ne me paraissaient pas à leur place. Et, finalement, c'étaient eux qui m'apportaient le malaise d'un certain dépaysement. Ce que ni la perspective des Champs-Élysées ou du Cours la Reine, ni la vue de l'Île Saint-Louis ou de l'Arc de Triomphe n'avaient pu provoquer, c'est-à-dire ce choc ou cette série de chocs auxquels je m'étais tellement attendu, c'était cette présence insolite du Barbare dans le plus bel endroit du monde qui m'assurait de l'irréalité de mon voyage.

En face des êtres que j'allais et qui allaient me retrouver, mes sentiments ne furent pas moins confus. Je ne réalisais pas le moins du monde que c'était moi qui pouvais leur apparaître comme un revenant, comme quelqu'un qui surgit de l'autre monde — et c'était bien pourtant l'impression que je dus causer dès le premier jour à Germaine et Jean Paulhan, puis à Clara Malraux, puis encore aux Gallimard ou à Jeannine et à Dominique Arland[2] — non je ne réalisais pas cela mais au contraire que c'était moi qui venais hanter des lieux et des êtres chers et que c'étaient eux qui me paraissaient émouvants, vénérables, respectables, irréels...

J'avais demandé le chemin de la rue des Arènes à un agent. Miracle de Paris ! Cet agent ne s'étonnait pas de ma tenue. À cause du froid, j'avais laissé dans mon sac le complet civil — véritable pelure d'oignon — qui m'avait

2. Épouse et fille de l'écrivain Marcel Arland.

été remis au Centre de Libération de Compiègne et j'avais gardé sur moi ma vieille tenue militaire pourrie par la crasse et les désinfections à la vapeur. Je remédiais ainsi à la stupidité des Pouvoirs qui, en plein Décembre, nous retiraient nos manteaux ou nos capotes et nous dotaient d'un petit complet léger pour bains de mer. Du reste, partout où j'allai ensuite dans Paris, ma vieille tenue passa inaperçue. Il n'y a qu'à Paris qu'on peut se permettre toutes les fantaisies vestimentaires tant il est vrai que les gens y ont mieux à faire qu'à détailler autrui. Vraiment, ici, l'habit ne fait pas le moine. Et rien n'est plus sensible à quelqu'un comme moi qui se désire anonyme.

J'avoue que je n'imaginais pas cette demeure de Paulhan. À vrai dire — et je ne sais si je dois ou non m'en étonner — je ne m'étais jamais posé la question de savoir dans quel endroit un être comme Paulhan pouvait loger. Du moins je m'étais toujours fait à l'idée d'un Paulhan très pauvre. Le petit hôtel particulier qu'il occupe et la façon dont il est meublé, tout cela peut maintenant m'inspirer une idée contraire sans pour cela me pousser à conclure de sa richesse. Mais là n'est pas l'intéressant. Pour moi, qui sortais directement de ma léproserie, c'était tout de même assez drôle, après quatre ans, que de réapprendre d'un coup à me faire annoncer par une bonne. Heureusement, la brave femme, à peine eût-elle entendu mon nom, s'exclama. Elle savait qui j'étais. « Ah ! Monsieur, nous avons reçu votre carte. Nous vous attendions. Entrez donc ! » Cela facilitait bien les choses. Mais j'avais de nouvelles difficultés à affronter. Marcher sur des parquets cirés, fouler à mes pieds des tapis épais, entrer dans des pièces où l'œil était charmé par de vieux meubles d'un goût parfait, des tapisseries, des tentures aux tons effacés, des tableaux de Chirico ou de Matisse, de Marie Laurencin ou de Rouault, de Picasso ou de Masson, de Fautrier ou de Lhote, de Braque ou de Michaux et de Klee. Pour mes yeux — depuis quatre années soumis à des visions pustuleuses — n'était-ce pas aussi le miracle ? Mais je fus encore sauvé. À peine avais-je entrouvert la porte du bureau-salon de Jean Paulhan que celui-ci se levait, avançait rapidement à ma rencontre enveloppé d'une lourde robe de chambre de bure vieux rouge — le rouge des poètes — me prenait dans ses bras, m'étreignait, me baisait sur les deux joues avec une simplicité, une affection, une émotion, un sens de l'humain auxquels il ne m'avait pas habitué. Quel homme étrange que Paulhan ! Faudra-t-il qu'il me déconcerte encore dans les gestes les mieux prévus ? Je savais, par tout ce qu'il avait déjà fait pour moi, merveilleusement, quelle sensibilité se cachait sous certaines de ses apparences d'esthète. Mais de là à le voir me porter cet intérêt amical fait de la plus exquise qualité, n'était-ce pas stupéfiant ? Tout cela ne faisait qu'accentuer le sentiment de l'irréalité de mon voyage. J'en étais réduit à accepter le fait accompli, à m'abandonner sans résistance à ce fabuleux. Nous nous assîmes l'un près de l'autre. Il m'offrit les cigarettes que j'allais lui offrir, malgré ses distractions toujours plus prompt, déboucha une vieille bouteille de vin cuit. Puis nous causâmes. Oh ! prestige de l'intelligence et de l'âge ! Tant de questions que j'avais à lui poser, tant de curiosités le visant que j'avais à assouvir ! Ce n'était pas de me raconter que j'avais envie. L'intéressant c'était tout ce qu'il avait ou n'avait pas fait depuis quatre ans et que je brûlais de savoir, c'était tout ce qui m'avait intrigué dans sa personne depuis que je le connaissais et que j'avais eu le loisir d'y réfléchir. Mais ne domine pas qui veut l'entretien. De cadet à aîné, d'ignorant à maître les questions ne se posent pas si facilement. On craint d'être indiscret, de forcer les barrières de l'intimité. On redoute de ne mériter pas des confidences qui sont pour les amis de toujours. On souffre alors d'imaginer que ce maître, que cet aîné peut prendre cette discrétion pour de l'indifférence, cette timidité pour de l'égoïsme. Il faut parler de soi quand on se sent tellement inintéressant, occuper toute la scène quand on se voudrait seulement auditeur. Il faut, coûte que coûte, subir l'examen et c'est toujours terriblement impressionnant devant un tel juge.

L'arrivée d'une visite me permit de déplacer un moment l'attention implacable de Jean Paulhan. C'était Clara M[alraux] de passage à Paris. Germaine Paulhan se montra à son tour. Je pus enfin regarder autour de moi. Jean Paulhan me parut vieilli, moins étincelant. Était-ce dû au désordre de ses beaux cheveux grisonnants ? À l'austérité de sa robe de chambre ? Pourtant, ce qui me frappait, maintenant, c'était ce qu'il y avait d'humain dans son sourire, dans son regard, et que je n'y avais jamais vu. Je trouvai au contraire Germaine Paulhan très amaigrie, la figure si pleine et si douce d'autrefois, jaunie, émaciée, marquée par des épreuves — morales et physiques — qu'il n'était pas malaisé de deviner. Mais sous son air dolent, lymphatique, je pus discerner cette même chaleur affectueuse et maternelle qui m'avait toujours été d'un si grand secours quand je m'aventurais, avant la guerre, dans le bureau de la N.R.F. où Jean Paulhan présidait de si impressionnants concerts d'intelligences.

Je ne connaissais pas Clara M[alraux]. Je l'écoutai. Elle me parut exaltée, tourmentée, inquiète jusqu'à jouir, jusqu'à se repaître de son inquiétude. Mais il y avait tant d'intelligence dans ses propos, mais je la sentais tellement accordée à mes idées, quant à la Sottise, que je lui donnai aussitôt ma sympathie. Sur la cheminée, je remarquai une réduction du buste de Paul Éluard tel qu'il a été exécuté par Mouche[3], sa femme. Mais ce qui attirait le plus mon regard c'était le bureau de Jean Paulhan. Placé dans un angle de la pièce, il était conçu de telle sorte que les casiers ou tiroirs qui le dominaient s'étageaient sur trois côtés,

3. La femme de Paul Éluard ne s'appelait pas *Mouche* mais *Nusch*.

formant une sorte de tête de trapèze. Partout des livres, des manuscrits, des papiers. Une sorte de fouillis créateur et excitant parmi lequel je distinguais les fameuses petites notes de Paulhan, rédigées de son écriture incomparable sur des feuillets fragiles. Je ne sais quelle émotion secrète me saisit à la vue de ce bureau et à l'idée que c'était là que s'élaborait l'œuvre de celui que j'appelle *le Juge*. Il y avait quelque chose de drôle dans le fait que cette contemplation m'était offerte au sortir même de mes quatre années de réclusion. J'aurais pu croire qu'une certaine divinité m'accordait ce privilège à titre de récompense ou de dédommagement, ou encore parce qu'elle estimait que ces quatre années misérables m'en avaient rendu digne. Mais je n'en demeurai pas moins dans le respect de ce qu'il m'était donné de regarder, dans un respect certes ! que je n'ai jamais eu à l'intérieur des plus imposants sanctuaires officiels.

Au cours de la conversation, je pus m'instruire. Tout ce que j'entendais me servait à parfaire mon initiation de ce monde nouveau dans lequel j'étais plongé depuis la veille. Là-bas, dans les barbelés, nous avions beau être bien renseignés et sur beaucoup de points, nous n'avions aucune idée de certaines activités et de l'intensité avec laquelle certains êtres — parmi les plus inattendus — s'y consacrent. J'appris ainsi le rôle courageux, important joué par J[ean] P[aulhan]. Et ce que j'admirai le plus peut-être, ce ne fut pas tant le cran dont faisait preuve ce dernier que l'élégance, que la désinvolture, que la simplicité qu'il mettait dans tout cela, aussi gratuit — dans des choses qui le sont si peu et qui sont au contraire si dangereuses — qu'il pouvait l'être autrefois dans son bureau de la Revue pour parler de l'esthétique de Michaux ou du langage chez Joyce. G[ermaine] P[aulhan] à ses côtés, plus douce mais aussi plus volontaire et plus convaincue que jamais, semblait ne pas sentir le contraste qu'offrait son attitude vis-à-vis de l'existence et du cadre bourgeois que j'avais sous les yeux. Je veux dire que ni l'un ni l'autre — lui dans sa chaude robe de chambre ; elle si immatérielle, si désincarnée — au milieu de ces vieux meubles de prix, si bien cirés, de ces toiles précieuses, de tout cet intérieur respirant le confort, le raffinement, l'aisance et le goût, ne semblaient faits pour jouer ce jeu clandestin et périlleux auquel ils m'initiaient sans plus de façons que s'ils m'avaient raconté par exemple qu'ils s'étaient mis à collectionner des timbres rares.

Hélas ! je ne pus ce jour-là parler à Jean Paulhan comme il y avait quatre ans que je le souhaitais. Clara M[alraux] ne cessait de me poser des questions ou de raconter quels tourments l'avaient précipitée à Paris en quête du Professeur Mondor[4] dont elle désirait solliciter un avis favorable concernant une opération prévue pour sa fille Florence, infirme, opération dont elle attendait la guérison

4. Henri Mondor, chirurgien mais aussi homme de lettres, spécialiste de l'œuvre de Mallarmé.

et qu'à sa consternation, maintenant, Mondor déconseillait. Pris à ce jeu, je me permis de lui dire qu'elle devait passer outre. Mondor pouvait avoir ses marottes professionnelles. Rien n'assurait — malgré son prestige — qu'il eût raison, contre l'autre chirurgien qui était partisan d'opérer et sûr de la réussite. Mais je vis bien vite que c'était justement ce veto que Clara M[alraux] était venue chercher à Paris, veto qui, enfin, allait lui permettre de se tourmenter à nouveau. Du reste, elle n'était pas prise de court. Comme j'achevais de dissiper ses scrupules, d'écarter le verdict de Mondor, de préconiser l'opinion de l'autre chirurgien, Clara M[alraux] se réfugia derrière une nouvelle impossibilité. Cette opération était impossible de toute manière. Il lui eut fallu 30 000 francs. Elle ne les avait pas. Et, soi-disant, André M[alraux], le père et le mari, refusait de les donner. C'était évidemment là se heurter à un mur. Mais jugez de l'instabilité mentale et imaginative de cette pauvre femme ! L'instant d'après — comme si un mystérieux revirement s'était fait dans sa pensée — elle se mit, en riant, à nous dire que dans le fond ce serait délicieux si elle pouvait tout de même se décider à faire opérer sa fille, car elle en profiterait pour se faire opérer le visage — chirurgie esthétique — et qu'ainsi elle pourrait être dans la même chambre que Florence, sa fille, chacune dans leur petit lit blanc d'opérées, ayant autour d'elles leurs amis qui seraient venus les bras chargés de fleurs. Paulhan qui la connaît mieux que moi, de même que Germaine Paulhan, ne s'étaient pas mis en peine. Cela semblait vraiment leur entrer par une oreille et leur sortir par l'autre, courtois comme toujours, mais distraits et sans doute à cent lieues mentalement, de ce qu'ils entendaient, au contraire de moi qui avais été trop crédule, trop bon public comme il m'arrive chaque fois que je n'ai pas l'esprit prévenu.

Jean Paulhan me demanda si j'avais vu Gaston Gallimard. Quand l'aurais-je vu, arrivé que j'étais de la veille au soir ? Je devrais être habitué à ces absences, fréquentes chez lui. Je ne m'en formalisai pas. Il voulait que j'aille aussitôt à la N.R.F. Je pouvais y être avant midi. Tout le monde là-bas m'attendait, Gaston Gallimard en tête. Pour le déjeuner, Clara M[alraux] m'invita à le prendre avec elle. Elle avait rendez-vous à la Régence à 1 heure avec Janine Arland et sa fille Dominique, amie de sa propre fille Florence. J'étais charmé de revoir Madame Arland. Je promis d'y être. Chez Gallimard j'arrivai bien entendu après midi. Il n'y avait plus personne. J'y fis quand même connaissance avec mon éditeur. Ce n'était pas trop tôt ! Depuis 1935 que j'appartenais à la maison, je n'avais pas encore été présenté à Gaston Gallimard. Il est vrai que je ne l'avais pas cherché. On jugera par là si j'étais un de ces hommes de lettres acharnés à faire carrière et à s'y pousser. L'homme fut aimable, familier, paternel, de bon ton. Un visage assez important mais sympathique. De beaux cheveux blancs, ou tirant sur le blanc. Le teint coloré. Le linge, le vêtement impeccables de quelqu'un qui se tient. Et, dans ses façons, mille riens qui sentent le riche bourgeois pour lequel les questions d'argent comptent si peu qu'il ne doit même pas avoir idée — le plus sincèrement du monde — qu'elles puissent compter pour d'autres. Il me questionna. On n'épuise pas quatre ans de captivité en quelques phrases. Je lui donnais cependant, succinctement, une opinion d'ensemble. Moi aussi, j'avais mille choses à lui dire. Mais cela ne semblait pas le moment. Et je remis à plus tard. Sur ma demande, avide que j'étais — je ne sais pourquoi à la réflexion — de reprendre contact avec la vie parisienne — et sans me douter à quel point j'allais être déçu — il me rédigea de fort chaleureuses cartes à présenter le soir même et le lendemain soir à deux directeurs de théâtres où l'on m'avait dit que je trouverais un bon spectacle. Je voulais aussi voir le *Soulier de satin*[5]. Mais il était trop tard. Il s'en occuperait dès le lundi matin. Déjà je me sentais emporté dans un tourbillon auquel je n'étais plus habitué depuis quatre ans. Tous ces gens qu'on me présentait ! Toutes ces effusions, toutes ces amabilités, toutes ces facilités ! Comment aurais-je pu croire à la réalité de tout cela ? Comment n'aurais-je pas admis la version « conte de fées » qui s'imposait à moi ?

5. Pièce de Paul Claudel publiée en 1929, mais représentée pour la première fois en 1943.

Comment enfin n'aurais-je pas été sensible à cet autre côté du Temps de la Sottise qui commençait à se découvrir à moi ? Des gens bien habillés, une existence qui, en somme, avait conservé tous ses rites d'autrefois, les mêmes piétons dans les rues, les mêmes consommateurs dans les cafés, les mêmes vitrines de magasins, les mêmes spectacles et, à condition d'avoir de l'argent, les mêmes plaisirs, les mêmes gourmandises. Avant de les quitter, les Paulhan m'avaient invité à déjeuner chez eux le lendemain dimanche. Maintenant Madame Arland et Clara M[alraux] m'attendaient à la Régence. Je savais que dans les jours à venir j'avais encore une foule d'amis à voir : Henri Cartier[6], René Lascaud[7], Arland, Grenier, Camus, Audisio[8], Sartre, etc... des visites promises à faire, des courses à droite et à gauche dans ce Paris où le manque de taxis et l'obscurité des nuits vous contraignaient à ne rien voir de ses rues, réduit qu'on était au métro. C'est

6. C'est durant sa détention en Allemagne que Guérin rencontre le photographe Henri Cartier-Bresson et l'opérateur de cinéma Alain Douarinou (mari de l'actrice Madeleine Sologne). L'arrivée de ces deux hommes dans le camp améliore le moral du prisonnier Guérin : « Enfin des êtres à qui parler ! » écrit-il dans *Les Poulpes* où les deux compères apparaissent sous les traits de Bébé Cadum et la Globule.

7. René Lascaud, ingénieur et peintre amateur, est un des amis les plus proches de Raymond Guérin depuis leur rencontre en 1928. Il servira de modèle à Patrick Beaurepaire, personnage de *La Main passe* et de *Parmi tant d'autres feux...*

8. Le poète Gabriel Audisio (1900-1978), dont l'œuvre est presque essentiellement consacrée à la Méditerranée.

avec la sensation d'avoir reçu un coup de bambou sur la tête que je sortis de la N.R.F. descendant la rue de Beaune vers les quais. J'étais incapable de me rendre compte de l'impression que j'avais pu causer aux Paulhan, aux Gallimard. J'étais comme hébété, comme flottant entre deux eaux, à la manière d'un noyé. J'étais bien en effet, un noyé qui est passé d'un monde dans l'autre et qui, s'il n'a plus de contacts avec celui-là, n'en sent pas encore de nouveaux avec celui-ci.

Il n'était pas tout à fait une heure. En traversant le Pont, les Tuileries, en déambulant sous les arcades de la rue de Rivoli, je l'avoue : j'étais gelé. Sans pardessus, au mois de décembre, je n'avais pas été habitué à ça. J'aurais pu hâter le pas, entrer à la Régence où je devinais qu'il ferait bon et m'y faire servir quelque chose de chaud. On va rire : mais je n'osais pas y arriver le premier. Il y avait quatre ans que je n'étais pas entré dans un café. Quatre ans, c'est quelque chose ! Est-ce que je savais encore seulement comment c'était fait un café ? Et puis, on m'avait raconté tant de sottises ! Il y avait, paraît-il, des jours sans alcool, des consommations avec ou sans tickets. Enfin tout un système de contraintes barbares auxquelles je serais peut-être amené à me plier, par nécessité, mais auxquelles je ne me ferais jamais. Mieux valait donc que les dames avec lesquelles j'avais rendez-vous soient déjà installées, je pourrais m'en remettre à elles. C'est pourquoi, attendant l'heure fixée, j'allai me geler un peu plus le long de l'avenue de l'Opéra, puis sous les arcades désertes, ventilées, glaciales, du Palais Royal. Quand je me décidai, j'étais vraiment transi. Heureusement, à peine eus-je franchi le tambour de la Régence, j'aperçus Madame Arland et sa fille et ne pensai plus au froid qui me tenaillait entre les épaules. J'eus tout de suite la certitude qu'elles ne m'avaient pas reconnu. Elles étaient assises l'une à côté de l'autre, dans un angle, contre un pilier, face à l'entrée et, machinalement, elles avaient porté leurs regards sur celui qui entrait comme on fait au café quand on attend quelqu'un mais elles ne m'avaient pas reconnu. Deux heures avant, Jean Paulhan m'avait remis un très beau catalogue de l'Exposition de Fautrier à l'occasion de laquelle il avait écrit un texte admirable sur le peintre, texte qui d'ailleurs figurait en entier sur le catalogue et y occupait presque toute la place. Ce catalogue était de grandes dimensions. Sur le fond blanc de la couverture le nom de Fautrier en noir, éclatait funèbrement mais ostensiblement. Ce nom avait frappé l'œil de Madame Arland. Sans me reconnaître, elle s'était tout de même dit — je le sus ensuite — : « Tiens ! quelqu'un qui s'intéresse à Fautrier ». Elle a beau ne pas s'intéresser particulièrement à la peinture de Fautrier (pas plus que moi, dans un sens) elle pouvait tout de même conjecturer qu'elle était en présence de quelqu'un de « sa famille », de quelqu'un de « la maison ». Avoir un catalogue de Fautrier sous le bras c'est aussi caractéristique que d'y avoir

Paris-Sport ou le Journal de la Bourse. Je m'approchai si vite d'elle qu'elle n'eut sans doute pas le temps de penser à être surprise de cette approche inattendue (inattendue pour elle du fait qu'elle ne voyait en moi, encore alors, qu'un inconnu). Moi, au contraire, je l'avais tout de suite reconnue. C'était d'ailleurs pour cela que je m'approchais. Mais je n'étais pas en mesure de m'étonner d'un semblable miracle. Non qu'elle eût changé ! Elle me paraissait plus jeune, plus jolie, plus fine que jamais. Un manteau de castor sur les épaules. Une toque de lynx sur les cheveux en forme de bonnet de cosaque. Je m'inclinai devant elle. Je crus qu'elle allait cette fois mettre un nom sur mon visage. Mais non ! Avais-je donc tellement vieilli ? Étais-je à ce point méconnaissable ? Mais, la pauvre, comment aurait-elle pensé à moi ? Elle ignorait ma libération, encore plus ma présence à Paris. Je lui demandai — pour qu'elle entende ma voix, pour que ma façon d'être lui rappelle quelque chose — si elle était bien Madame Marcel Arland. Plus surprise encore, elle me le confirma. Mon expérience ne l'avait pas éclairée. C'est alors que je me nommai. Je crus que son visage avait été frappé de stupeur. Quoique de nature intérieurement très sensible et très nerveuse, c'est une jeune femme d'apparence plutôt calme, qui parle d'une voix douce, lente et que rien n'étonne. Mais elle ne put dissimuler sa joie, une joie mêlée d'incrédulité. Comment pouvais-je être à Paris ? Je le lui expliquai en quelques mots. Mais par quel hasard tombais-je sur elle à la Régence ? Je le lui dis aussi, ajoutant mon regret de ne pas trouver son mari. Elle me promit de l'alerter aussitôt et de fait, le lundi matin, chez Gallimard, je devais avoir un rendez-vous avec lui qui se poursuivit par un déjeuner qui reste, peut-être, pour moi, le moment le plus émouvant et le plus important de tout mon séjour tant l'amitié d'Arland y fut non seulement chaude et fraternelle, non seulement celle des mots mais des faits. Peu après survint Clara M[alraux]. Nous avions pris des Viandox. C'était assez mauvais. On m'assura qu'il n'y avait que cela ou du café infect. Je regardais le garçon comme un étrange mamamouchi. Lui, il n'avait pas l'air surpris de me voir là, avec ces jeunes femmes. J'avais envie de l'empoigner par les épaules et, tout en le secouant, de lui préciser mon identité afin qu'il sorte de sa torpeur. Mais je me persuadai, mentalement, qu'il ne réagirait peut-être pas. C'était le symbole de toutes mes rencontres depuis la veille, ce devait l'être aussi de toutes celles que j'allais faire ensuite. Tandis que mon effarement de Huron persistait, je voyais les gens autour de moi me regarder, m'accueillir, me parler ou me traiter comme s'ils m'avaient vu la veille et avec un naturel qui faisait douter qu'ils eussent bien réalisé, eux, à leur tour, quel revenant j'étais.

Nous déjeunâmes dans un caboulot, dans une rue étroite qui longe les Jardins du Palais Royal. Il fallut descendre plusieurs marches pour y pénétrer et la porte était si basse que je dus me plier en deux pour la franchir. De tout ce qu'on nous servit — huîtres, viande rouge, frites, salade, fromages, fruits, café, vin rouge et liqueurs — je ne songeai pas à m'étonner. Après tout, ce n'était là pas autre chose qu'un menu fort ordinaire pour autrefois. Avec la meilleure crédulité, j'étais donc persuadé qu'on n'avait fait aucune exception en notre faveur, que c'était ainsi qu'on pouvait manger à Paris — ou en France en général — avec des tickets. Je me disais : pour les huîtres, les frites, la salade et les fruits : pas de tickets. Des tickets : il en faudra seulement pour la viande, le fromage et le vin. Et c'est seulement quand je vis sortir les billets de mille pour payer — et ce, le plus naturellement du monde — que je compris que l'on m'avait emmené dans un restaurant du marché noir (si peu qu'il payât de mine).

Mais ce qui me causa une plus grande gêne encore, ce fut de me trouver seul en compagnie de plusieurs jeunes femmes élégantes, pour mon premier repas d'homme libre. Elles eurent assez d'indulgence et de tact pour ne pas marquer leur surprise, pour faire semblant de ne pas s'apercevoir des mauvaises manières que j'avais irrésistiblement acquises dans la société grossière des prisonniers. Cela ne m'empêchait pas de sentir tous mes manques. Je ne savais plus manger décemment. Je ne me souvenais plus du tout des règles de la politesse. J'étais emprunté, timoré, égaré, enfantin. Du moins étais-je persuadé d'être ainsi car chacune, autour de moi, s'évertuait à m'assurer du contraire.

Par surcroît, j'avais une sorte de boule sur l'estomac. Bien que je n'aie pas eu à débourser un sou, la somme dépensée pour ce repas me paraissait tellement effarante, qu'elle me gâchait la nourriture que j'avais prise. Et déjà, obscurément commençait à prendre corps dans mon esprit ce sentiment que je ne m'adapterais jamais tout à fait aux nouveaux prix et que cela seul me gâcherait tous les plaisirs que je pourrais prendre, oui! que cela me les gâcherait au point que — ayant été pendant des années privé de tout — je préférerais me passer de ces plaisirs, sachant bien qu'il ne me serait nullement pénible de m'en passer (je ne tiens plus à rien qu'à ma tranquillité) mais qu'il me serait au contraire très pénible — pauvre comme je suis devenu en quatre ans — de me les payer aussi cher.

Autrefois, je faisais des dépenses somptueuses. Mais puisque, aujourd'hui, pour acquérir les mêmes choses, il faut donner des sommes dix fois plus fortes encore, quand j'ai moins d'argent qu'autrefois, c'est très naturellement que je me détache et me désintéresse de ces choses auxquelles je croyais tellement tenir avant. Dans la mesure où elles me seront offertes, voire où je pourrai me les procurer aux prix auxquels j'avais été habitué, je suis sûr que je saurai encore en jouir agréablement. Mais je n'irai pas plus loin. Et ce décalage monstrueux des valeurs m'aura finalement amené à procéder en même temps à un décalage radical de mes préférences: ce qui ne *coûte* pas, devenant automatiquement *meilleur* que ce qui me ruine. Est-ce sordide ? Est-ce le début de l'avarice des vieillards ? Peut-être. On m'a toujours dit que j'étais déplorablement généreux, dépensier, prodigue. Je crois que je n'ai pas changé et que je serais tel qu'autrefois si les conditions redevenaient les mêmes. Tant que ce décalage existera, je sais bien, en revanche, que je resterai paralysé devant toute dépense incongrue. Reste à savoir si cela ne va pas me fermer un certain nombre des portes du bonheur. Je crois bien que les bonheurs fous d'autrefois sont morts pour moi. Je ne sens plus aussi profondément les choses. Je m'emballe moins. J'ai moins d'envies, de curiosités, de spontanéité.

Si j'avais demandé des places de Théâtre à Gaston Gallimard, c'était bien parce que j'avais l'intention de me livrer à un certain nombre d'expériences. L'émotion que j'allais ou n'allais pas ressentir au Théâtre était une de celles-ci. Je me souvenais de cet être, en moi, qui adorait la Scène, autrefois. C'était par la littérature dramatique que j'étais venu aux Lettres. Les premières choses que j'avais écrites étaient des pièces de théâtre. Et longtemps, ensuite, j'ai non seulement été un fol amateur de théâtre mais j'ai vécu dans la société et l'intimité d'acteurs. Ce samedi soir là, j'allais voir *Orage* de Strindberg au Vieux Colombier. C'était monté par une jeune compagnie dirigée par Jean Vilar, et Jean Paulhan lui-même m'avait dit : « Allez voir ça. C'est admirablement joué avec la ferveur et l'intelligence du Vieux Colombier à ses débuts. »

Ma foi ! ça me paraissait tout drôle, une fois de plus, de me trouver là, dans ma défroque pisseuse de clochard au milieu de tout ce beau monde, de ces Parisiennes élégantes et parfumées, de ces Parisiens bien chemisés et cravatés. C'était à se demander si la guerre avait jamais eu lieu, si elle n'avait pas été un cauchemar dont j'avais été l'unique victime. Il me fallait faire effort pour croire à la réelle existence de ces millions de parias de toutes les nationalités qui croupissent encore derrière les barbelés de Barbarie. Que de bobards ne nous avait-on pas encore racontés ! Les souliers en fibres, à semelles de bois, les sacs en papier, les tissus artificiels, les ersatz... oui, peut-être, pour les pauvres, pour les éternels esclaves de la Société. Mais là, dans cette enceinte, c'était en vain qu'on aurait essayé de me faire croire que toutes ces belles pelures étaient de vieilles choses d'autrefois religieusement conservées. Non ! tout cela était flambant neuf. Cela n'avait pas quatre ans d'usure. Cela sortait, depuis au plus six mois, du fourreur, du tailleur, du couturier, du modiste, du chemisier, du chausseur. Il suffisait d'avoir de l'argent pour avoir tout ce qu'on voulait. Avec cette petite différence toutefois qu'on avait considérablement réduit le nombre de ceux qui « avaient de l'argent ». Au moins, comme ça, ils étaient entre eux, entre aristocrates, les salauds ! Exactement ce que le Grand Olibrius[9] a réussi

9. C'est ainsi que, dans son journal, Guérin nomme Adolf Hitler.

à faire dans son pays de Barbarie. C'était en somme rassurant pour l'avenir de l'Intelligence et de la Civilisation ce beau programme. Il y avait notamment à côté de moi, sur la même rangée de fauteuils, quatre pédérastes, deux jeunes et deux « mûrs » qui ne cessaient de jacasser comme des aras. Ils étaient vêtus avec un soin et un raffinement qui, même avant la guerre, auraient fait mon admiration. Des gravures de mode. Et du meilleur goût. Il est vrai que lorsqu'on n'a que cela à faire, que lorsqu'on n'a pas d'autre ambition dans la vie que d'être bien habillés... Ils ne parlaient que des repas qu'ils avaient ou qu'ils allaient faire. Le tout entrecoupé de propos en l'air et familiers sur la personne des gens à la mode, auteurs ou acteurs, comme si vraiment toutes ces célébrités avaient été de leurs amis. Ils commentaient notamment le souper qu'ils avaient fait la veille dans une boîte de nuit de Montmartre. Ce qu'ils avaient mangé, comment c'était préparé et la quantité qu'il y en avait pour chacun. Le prix ? pour les quatre cela était monté entre cinq ou six mille. Mais ce chiffre n'était nullement sorti de leurs bouches avec ostentation. On sentait que cela était pour eux une sorte de prix courant, quelque chose de tout à fait normal pour le monde, nouveau pour moi mais pour eux habituel, dans lequel ils avaient été insensiblement plongés. J'étais assez désemparé. Je les regardais un peu avec la curiosité de ces voyageurs imaginaires qui observent les mœurs — à leurs yeux étranges — de ces humains qui vivent à Lilliput, en Erewhon, ou en Grande Garabagne. Étais-je chez les Emanglons ? Étais-je dans l'Empire de la Sottise ?

Est-ce pour cela aussi que le spectacle me laissa si froid ? Bien sûr, cet *Orage* ne vaut pas, à beaucoup près, *La Danse de Mort*. Mais tout de même, je n'arrivais pas à adhérer à ce qui se déroulait sur la scène. Si bien joué que ce fût, tout ce jeu, toute cette texture et jusqu'à l'intrigue ou jusqu'au sens intérieur, me paraissait affreusement gratuit, conventionnel, inutile et vain. Pourquoi ces comédiens se donnaient-ils tant de mal pour m'émouvoir ou me réjouir, pour me faire «*participer*» ? Il n'y avait qu'un seul côté du spectacle qui aurait pu me retenir, c'était le côté *burlesque*. Oui, ces personnages, dans la mesure où l'on aurait su accuser davantage — dans le jeu et les répliques — le côté *marionnettes, fantoches*, je crois que j'aurais pu en rire. Il n'y a que cela de vrai dans la vie : les fantoches. Tout le reste est de la foutaise. L'art y compris. Le spectacle, vraiment, c'était dans la salle qu'il était. L'art n'est jamais qu'une très pâle copie de la vie. On dit que l'art *rend* la vie. Non ! C'est la vie qui *rend* l'art. Qu'on fasse comme moi une gentille petite retraite de quatre ans derrière les barbelés et l'on verra si je mens. Bref, c'était pendant les entractes que je jouissais. Et j'avoue que j'aurais donné toute ma soirée pour une demi-heure de parcours dans le métro. Le plus beau théâtre du monde, tellement imprévu, tellement coloré, tellement changeant, tellement vrai, c'est dans le métro qu'on le trouve. Mais c'est à croire que les habitants d'une ville comme Paris ne savent ni écouter ni regarder. Ils vont s'enfermer sottement dans des salles dites « Théâtres » quand ils ont ça sous la main ! quand ils ont les rues, les cafés, tous les lieux publics où il n'y a qu'à lancer son filet pour le ramener frétillant.

Le lendemain dimanche, je déjeunai chez Germaine et Jean Paulhan. Déjeuner dominical et familial. Madame Paulhan mère en haut de la table puis d'autres dames et jeunes gens qu'on me présenta mais dont j'ai oublié l'identité. Ça aussi ça me faisait drôle : Paulhan en famille, Paulhan en bourgeois parisien et bien élevé, dans la belle demeure de sa mère, avec tous ces extravagants Fautrier dans la salle à manger ancienne. Le repas fut parfait. J'ai surtout gardé le souvenir de la dinde aux marrons, du bon café et des liqueurs. C'était encore traitement de roi. Décidément, j'allais, depuis mon arrivée, d'étonnements en étonnements. Je me souviens aussi que je n'en finissais pas de débarrasser mon assiette. On me faisait parler et les autres en profitaient pour finir avant moi. Cela ne faisait qu'accentuer ma gêne. J'avais l'impression de ne plus savoir me tenir à table.

À partir d'un certain moment j'eus également l'impression que j'avais cessé d'intéresser Jean Paulhan. L'avais-je jamais intéressé ? Du moins il avait paru me prêter une oreille attentive. Ensuite, il me sembla qu'il s'évadait de mes propos, qu'il était ailleurs. L'arrivée d'Henri Cartier créa une diversion. J'avais tellement dit de bien de Cartier à Paulhan que celui-ci lui témoigna aussitôt beaucoup d'intérêt. J'en fus très heureux. Je ne sais pas parler. Je préférais que le centre de l'attention se déplaçât sur lui. Quand je dis que je ne sais pas parler on me comprend toujours mal. Non ! je ne veux surtout pas dire que je ne trouve pas mes mots ou que je bafouille mais seulement que je donne toujours la plus déplorable idée de ce que je veux. La plume à la main, je ne suis pas trop sot, il me semble. Dès que je parle c'est pour lâcher les plus sensationnelles sottises. Je perds tous mes moyens.

Bref, Jean Paulhan et Henri Cartier parlèrent beaucoup tandis que je les écoutais et que je ne leur donnais plus que rarement la réplique. D'autant plus qu'ayant manifesté mon désir de voir toutes les toiles de Paulhan disséminées dans la maison, nous passâmes l'après-midi à monter, à descendre, à pénétrer dans toutes les pièces, pendant que Paulhan et Cartier ne cessaient de parler peinture moderne. À vrai dire, ces toiles, je les avais déjà vues. Mais j'avais pensé que cela ferait plaisir à Henri Cartier de les voir à son tour. J'en oubliai le but foncier de ma visite : avoir avec Paulhan un entretien seul à seul, une sorte de consultation qui me paraissait absolument nécessaire après les quatre années de solitude et de repliement intellectuel que je venais de supporter.

Au moment de partir, cependant, le soir, vers six heures,

je fis part à Jean Paulhan de mon désir d'un entretien avec lui. Nous convînmes du lundi soir à la même heure ou, à défaut, du mardi à onze heures, chez lui. J'étais alors persuadé que je serais fidèle à ce rendez-vous et je me faisais une fête du tête-à-tête projeté.

Ayant quitté Paulhan, j'accompagnai Henri Cartier à son logement, 15 quai Bourbon, dans un vieil hôtel de l'Île Saint Louis. Il me montra des photos merveilleuses comme lui seul sait en faire. Puis nous passâmes dans la cuisine où il m'offrit une collation. Il m'accompagna enfin au Théâtre des Mathurins où je devais passer la soirée et là me quitta après m'avoir aidé à obtenir ma place d'un *Contrôle* qui se faisait tirer l'oreille. Sans doute qu'on ne me trouvait pas assez bien nippé pour avoir une place de faveur. Allons, un petit séjour de trois mois avec nous, dans les barbelés, leur aurait fait le plus grand bien. Je ne sais ce qui me démangeait de la leur foutre en l'air leur soirée boîte à sel. Chicaner un fauteuil de faveur à un homme qui vient de tirer quarante-deux mois de prison ! Qu'ils aillent faire caca !

On jouait *le Voyage de Thésée* de Georges Neveux (Jean Marchat, Marcel Herrand, Maria Casarès). Ce soir-là encore je ne peux pas dire que je me sois beaucoup distrait. Je n'arrivais pas à adhérer au spectacle, à ces acteurs, à ce qu'ils disaient, aux personnages qu'ils étaient censés représenter. Tout cela me passait légèrement au-dessus de la tête. Non que je fusse en état d'imperméabilité d'ailleurs.

Au contraire, j'étais extra-lucide. Mais c'était sans doute parce que j'étais si lucide que le jeu qui m'était montré me semblait si vain. Les spectateurs eux-mêmes n'avaient pas l'air particulièrement frétillants. Public du dimanche soir, il est vrai, pompeusement bourgeois et amolli par la digestion d'un trop bon repas au marché noir. Devant ces repus — et leurs moitiés non moins repues — je dédiai une pensée émue à mes camarades, à ceux qui étaient restés là-bas, dans l'injurieuse geôle.

Le lendemain lundi, je devais passer à la N.R.F. Je revis la tribu des Gallimard, le Grand Sachem en tête ; tous, toujours aussi exquis avec moi. Vraiment, tant d'affection me touchait. Je fis la connaissance de Mlle Boudot-Lamotte[10], de Raymond Queneau, charmant, avec qui je fus tout d'abord convenable mais auquel je dus paraître ensuite bien stupide et bien fat m'étant laissé aller, comme il m'arrive hélas ! à un mouvement de hargne intempestif. Comme il me faisait compliment de *Quand vient la fin*[11], et c'était un grand honneur qu'il me faisait, me voilà parti à détruire mon livre, à taper dessus et tellement je voulais donner de preuves de sa mauvaise qualité, à prendre pour argument de sa médiocrité le fait qu'on n'a pas dit un mot

10. Mlle Boudot-Lamotte était la secrétaire de Gaston Gallimard.

11. C'est au stalag, en février 1941, que Guérin apprend la publication de *Quand vient la fin* ; il reçoit l'ouvrage en août. Le livre, confié à Gallimard au début de 1939, lui semble avoir des faiblesses. Il écrit alors *Après la fin*, une mise au point publiée en appendice à la réédition de 1945.

de moi ou de mon œuvre dans le fameux numéro spécial de *Confluences* sur les *Problèmes du Roman*. Sûrement Queneau et les autres personnes qui étaient là — médusées par ma sortie — ont dû se méprendre. Comment ne se seraient-ils pas mépris ? Je donnais exactement l'image de l'auteur qui se croit persécuté, qui estime, pleureusement, qu'on ne lui a pas fait la part qu'il mérite. C'était par humilité que j'avais protesté. Mais ma maladresse coutumière était telle que mon argumentation tournait à ma confusion. On n'avait sans doute pas manqué de sourire sous cape de mon orgueil crispé. Comment pourrai-je jamais réparer cet impair auprès de Queneau ? C'était d'autant plus grotesque que Queneau étant un des jeunes romanciers dont on parle le plus aujourd'hui avec Sartre, Camus et Blanchot, j'avais l'air de lui faire une petite scène de jalousie. Quand cesserai-je de donner de moi une si piètre et si fausse opinion ? Faudra-t-il m'astreindre à ne plus fréquenter personne ? Quel besoin absurde ai-je eu de me mettre en avant ? Je ne me le pardonne pas. Ne puis-je donc retenir ma langue ? Oh ! je vois très bien maintenant ce qui a dû se passer. Ému par les compliments de Queneau, troublé, intimidé, j'ai été irrésistiblement conduit à dissimuler tout ça sous un flot de paroles. Je n'ai pas voulu avoir l'air de me laisser féliciter sans réagir, sans protester et d'autant plus que j'étais sincère dans ma protestation (je n'ai pas écrit *Après la fin* pour rien) et j'ai abouti à cette catastrophe !

Heureusement, pour me consoler de ma honte, il y a eu l'accueil admirable d'Albert Camus. Il m'avait écrit de si belles lettres durant ma captivité — les plus belles, sans conteste, de toutes celles que j'ai reçues — que j'appréhendais un peu de le connaître. N'allais-je pas être déçu ? Surtout : n'allais-je pas le décevoir ? Ce moment fut parfait. Je n'aurais rien pu imaginer de mieux. Tout de suite je retrouvai en lui l'homme de ses lettres. Et comment n'aurait-il pas tout pour me plaire ? Il a une intelligence aussi claire que remarquable. Il a de l'ironie mais aussi beaucoup de bonté. Il est simple. Il est — de la plus charmante façon — à la fois courtois, discret, affable ou familier. Il a l'aisance des sportifs sans en avoir la rudesse. Il a le charme et la nonchalance des Méditerranéens sans en avoir la veulerie ni le cosmétique. Il est généreux. Il joint l'acte à la parole. Il est effectif et loyal. Il aime le soleil et la mer. En faut-il plus ? Tout cela du moins, il m'a fallu moins d'une heure de conversation pour m'en assurer. Je ne peux pas oublier l'émerveillement que m'ont causé les premiers livres de Camus. Je ne peux pas oublier quel bien m'ont fait les lettres qu'il m'a écrites quand j'étais reclus. Je ne peux pas oublier non plus ce premier contact avec lui.

Dans son bureau j'ai retrouvé le charmant Jacques Lemarchand[12] un peu trop « col cassé » et « gilet blanc ». Mais charmant tout de même. Revu aussi Maurice Fombeure[13] que j'ai violemment pris à partie. Je lui reprochais de ne pas avoir répondu à une de mes lettres. J'en profitai pour lui dire que notre position à nous, prisonniers était bien nette: un type — fût-il un parent proche ou le meilleur des amis — qui ne répondait pas à une de nos lettres était considéré comme un salaud et rayé de notre vie. Fombeure n'a rien voulu savoir pour être rayé de ma vie. Il m'a juré ses grands dieux qu'il n'avait jamais reçu ma lettre et que sans cela il m'aurait sûrement répondu, que d'ailleurs Louis Emié[14] lui avait déjà fait part de mon ressentiment et qu'il en était navré. Le tout avec ce ton grasseyant et traînant du Poitou — qui pour moi ne manque pas de délices — mais qui ne fait pas du tout « poète ». D'ailleurs, rien dans ce pauvre Fombeure ne signale le poète. Ni son visage épais, ni sa corpulence, ni ce qu'il dit même. En fin de compte, je me suis radouci et je lui ai souri en lui pardonnant. Mais le coup avait porté et Camus et Lemarchand m'ont assuré ensuite que j'avais fort bien fait.

À midi, j'avais rendez-vous, tout près, à Comœdia, rue

12. Raymond Guérin connaissait l'écrivain Jacques Lemarchand bien avant que celui-ci occupe des responsabilités chez Gallimard puisque l'on trouve son nom au sommaire de l'éphémère *Revue Libre de Bordeaux*, fondée par Guérin en 1928.

13. Le poète Maurice Fombeure, d'origine poitevine, avait lui aussi donné des textes à *La Revue Libre de Bordeaux*.

14. Le poète Louis Émié était bordelais, comme Raymond Guérin dont il était l'aîné de cinq ans. Les deux hommes se connaissaient depuis 1936. Émié définira leur relation de « profonde, mais difficile ».

Saint-Simon, où Marcel Arland m'attendait pour déjeuner. Il m'y présenta Delange, le directeur du Journal, très homme du monde et fort aimable. De là, nous allâmes déjeuner, au coin de la rue de Grenelle et de la rue Casimir-Périer, dans un restaurant qu'il connaissait et où il m'invitait. J'imagine que James Joyce a pu déjeuner là, autrefois avec quelqu'un de ses amis parisiens.

Ah ! quel moment incomparable j'ai passé là avec Marcel Arland ! Quel ami ! Quelle compréhension ! Quelle attention affectueuse au malheureux débutant que je suis ! Pendant tout le repas — d'ailleurs excellent, mais je finissais par m'habituer à bien manger, invité que j'étais partout — Marcel Arland ne cessa de m'écouter lui confier mes projets littéraires et de me conseiller. Je sortis de là absolument transfiguré. Il y avait quatre ans que j'attendais ce moment, quatre ans que je rêvais de pouvoir enfin me confesser tranquillement, faire part de mes doutes et de mes ambitions et obtenir des réponses capables de m'éclairer. Désormais, grâce à Marcel Arland, je savais dans quelle voie m'engager. Mis au courant de ma situation actuelle, si peu brillante, il m'assura qu'il obtiendrait de Gallimard qu'une mensualité me fût versée. Il m'assura aussi qu'il fallait que *Quand vient la fin* fût réédité. C'était là aller au-devant de mes désirs. Je lui dis que je rêvais d'une réédition d'un *Quand vient la fin* revu, corrigé et augmenté d'un appendice que j'avais écrit en captivité (*Après la fin*). Il m'offrit en outre de collaborer à une collection où je me trouverais en compagnie de Jean Paulhan, Paul Valéry, etc... C'était la première fois qu'on me proposait d'écrire un texte sur commande. En soi cela ne me souriait pas du tout. D'autant que Marcel Arland me parlait d'une nouvelle. Je n'ai jamais écrit une nouvelle de ma vie. Je me sens bien incapable d'en écrire jamais une. Je considère ce genre comme le plus difficile et le plus délicat à manier de tous les genres littéraires. Et je me sens trop impuissant devant le génie de Pouchkine ou de Poë, de Katherine Mansfield ou de Marcel Arland lui-même, pour aller m'y frotter. Mais celui-ci tint à me mettre à l'aise. En fait, le texte qu'il sollicitait de moi pouvait n'avoir d'une nouvelle que le nom. J'étais complètement libre de donner ce que je voulais. C'est alors que je me promis d'y réfléchir et que depuis j'ai décidé de préparer pour lui la *pérégrination mentale* de Patrick Beaurepaire dans *Les Poulpes*. Ce sera ainsi un fragment de ce long roman et cela aura pour titre : *Sans Augure*.

C'est au cours de ce repas que j'eus également l'occasion d'exposer à M. Arland les grandes lignes de l'œuvre romanesque qui était née dans ma tête durant ma captivité. C'était, depuis des années, un grand drame pour moi que d'osciller toujours sans trouver de solution entre la confession et la fiction. Si j'avais pu suivre ma pente, il est certain qu'une œuvre confessionnelle m'aurait particulièrement attiré. Non seulement par désir foncier de sincérité, mais parce que je n'ai aucune sorte d'imagination romanesque. Mon rêve, c'était toujours *les Essais* de Montaigne, *la vie d'Henry Brulard, Si le grain ne meurt...*, *À la Recherche du Temps Perdu.* Toutefois, si j'étais libre de m'engager tout entier et si je n'en avais pas honte — tout pénibles que me fussent sans doute les aveux poussés que j'avais à faire — j'étais moins libre, me semblait-il, d'engager pareillement autrui. Dans le fond, je ne suis pas méchant. Il m'arrive souvent de l'être en paroles et férocement — ce qui donne de moi une fausse idée — mais cela ne va jamais plus loin et en fait je n'ai jamais commis de ma vie une seule action haineuse. J'étais donc plein de scrupules devant les personnages que j'aurais pu mettre en cause dans mes confessions. C'était pourquoi j'avais songé à une fiction. Incapable comme je l'étais d'imaginer les faits, j'avais résolu de m'en tenir au canevas de ma propre existence, au respect des événements auxquels j'avais été mêlé, mais de me cacher sous un pseudonyme et de donner en même temps une fausse identité aux personnages comme a fait Proust. Était-ce une entreprise possible ? J'étais plein d'appréhension à ce sujet. Je ne savais pas bien dans quel sens je devais me diriger. Depuis quatre ans que j'étais seul, là-bas, livré à moi-même, j'avais sombré dans une mauvaise indécision. J'avais besoin d'être remis sur la bonne route. Si conscient de sa tâche que soit un artiste, il y a toujours un moment où il se voit devant un carrefour embarrassant. C'est alors que l'amitié d'un aîné, d'un conseiller affectueux et lucide peut lui être utile. Marcel Arland sut dissiper mes doutes. Il parut enchanté de mes projets, m'y encouragea vivement. Ce que nous eûmes là l'occasion de dire et de décider allait me permettre d'ordonner sagement en moi les grandes lignes de tout ce que je rêve d'écrire. Au sortir de cette consultation j'étais fixé. Il ne me restait plus qu'à me mettre au travail. Avec tout le papier que j'avais noirci en captivité, j'en avais pour dix ans à creuser de ce côté. Je m'imaginais fuyant Paris, perdu au fond de quelque province tranquille, ne répondant plus qu'à peine aux lettres, laissant tomber sur moi sans le moindre regret le silence de l'oubli et travaillant chaque jour, patiemment, pendant tout ce temps, à mon œuvre gigantesque...

Ayant quitté Marcel Arland, je me précipitai au rendez-vous que m'avait fixé Henri Cartier, au rond-point des Champs-Elysées devant le Berkeley. Nous devions ensemble aller voir le dernier film de Cocteau *l'Éternel Retour* où jouait la femme de notre ami commun Alain Douarinou[15]. Celui-ci, qui serait content d'avoir notre appréciation sur le film, m'avait d'ailleurs demandé de rendre visite à sa femme afin que je puisse lui parler un peu de lui. Je m'y étais rendu le samedi précédent, à la fin de l'après-midi, mais je n'avais pas eu la chance de la rencontrer. J'eus plus de chance le dimanche matin, avant

15. Voir note 6.

d'aller déjeuner chez les Paulhan. La jeune star Madeleine Sologne habite une rue bourgeoise dans le quartier des Ternes. Son intérieur, simple et de bon goût, est garni de beaux Kisling dont elle fut autrefois le modèle préféré. Elle me reçut gentiment, peut-être un peu dégoûtée de me voir si sale, habituée qu'elle est maintenant de fréquenter des gens si élégants. Elle était encore en peignoir, semblait pressée de s'habiller pour aller rejoindre des amis chez des gens qui donnaient un cocktail. Notre conversation fut dix fois dérangée par le téléphone. Ce que j'entendais me donnait une idée de l'activité de la jeune femme, des intérêts qui étaient mis en jeu sur son nom et son talent, des plaisirs auxquels elle était conviée de toutes parts : galas, dîners, surprises-parties, raouts... J'imaginais la tête qu'aurait pu faire son mari s'il avait pu entendre ça là-bas, dans ses barbelés. C'était toujours la Sottise qui continuait, tantôt stupide, tantôt injurieuse ou les deux à la fois. Je sentais la jeune femme si tiraillée par ses multiples obligations que je pris le parti de prendre congé. J'aurais pu l'inviter à prendre un repas quelque part. Mais je n'avais pas un sou. Quant à elle il ne lui vint pas à l'esprit de m'inviter. Sans doute me trouvait-elle trop crasseux, pas assez reluisant pour m'exhiber. Je ne songeai pas à lui en vouloir. C'était là une réaction naturelle de jeune femme frivole et adulée. Tout de même, je ne sais pourquoi, je lui demandai deux places de faveur pour voir son film. Elle me fit un mot si ridicule que j'eus honte de l'utiliser et que je n'en fis même pas part à Cartier qui paya nos deux fauteuils.

J'avoue que j'éprouvai un certain contentement à sentir que mon intuition d'amateur de films se trouvait d'accord avec le jugement d'un garçon du métier comme Cartier. Celui-ci n'avait pas été en vain l'assistant de Renoir avant la guerre. Il lui en restait quelque chose. Bref, nous fûmes du même avis : le film était mauvais. Sans doute Madeleine Sologne — sans être sublime — faisait-elle correctement ce qu'elle avait à faire avec deux ou trois comme Jane Marken mais tous les autres étaient exécrables y compris Yvonne de Bray mais surtout Jean Marais. Quand donc se déciderait-on à confier des rôles d'hommes à des hommes et non à des pédérastes ? Au moins, en Amérique, les jeunes premiers pédérastes ont-ils l'air de vrais mâles. Mais en France, la jeunesse virile n'est jamais représentée que par des chiffes à voix de châtrés, beaux sans doute, mais qui restent de bois, ne sentent rien — et pour cause — et jouent faux. À croire vraiment que ces Antinoüs n'ont pas de couilles. Du film lui-même que dire ? De belles photos sans doute. Un montage savant où l'on reconnaissait mille trucs éculés métamorphosés par les impostures esthétiques de Cocteau et où éclatait le bric-à-brac précieux qui lui est cher. Aucune crédibilité. Rien de véritablement « révélé ». Tout ce qu'on voulait sauf du cinéma. Pas de mouvement. Pas de rythme — ou d'un statisme exaspérant. Du trompe-l'œil.

Était-ce donc là le chef-d'œuvre que le Temps de la Sottise voulait imposer aux foules ? Ah ! je commençais à comprendre qu'il y avait une corrélation étroite entre le sort des peuples et leurs Arts. En même temps qu'avaient été abolies la Liberté et la Civilisation, la grande flamme de l'Art s'était éteinte. Chez nous aussi, comme chez les Barbares, un à un, tous les Arts sombraient dans la convention et la vulgarité, dans la platitude et l'artifice. Allons, tout était dans l'ordre. L'avilissement était général. Et je me demandais quel grand souffle viendrait un jour dissiper ces brouillards livides...

J'étais déjà un peu las de Paris. J'avais hâte de retrouver ma femme. Encore deux jours et je partirais comme convenu. Là-bas, sans doute, je me confronterais à des choses plus authentiques et me réhabituerais-je mieux à vivre.

Ces deux derniers jours passèrent dans une sorte de fièvre. J'avais assisté le lundi soir, à la Comédie Française, à une représentation du *Soulier de Satin*, grâce à l'obligeance de Gaston Gallimard. J'étais là, comme un somnambule, dans ma tenue pisseuse, au milieu de tous ces parisiens élégants, excités comme aux beaux soirs d'autrefois. J'avais du mal à imaginer que quatre années avaient pu passer sur ce public. Un peu moins habillé sans doute, mais les fourrures n'étaient pas moins somptueuses, les bijoux pas moins beaux, les robes pas moins exquises, les parfums et les coiffures pas moins rares. Cela me paraissait un peu insolite. Je ne pouvais pas dire que j'étais dépaysé. Cependant, il y avait quelque chose dans tout cela qui choquait. Je n'étais plus accordé à ces plaisirs, à ces mondanités gratuites, à ces enfantillages sérieux. Pour un peu j'aurais ri au nez du garde républicain — nous n'avons tout de même pas cessé d'être en République même sous la botte du Grand Olibrius et du Vieux Baveux[16] — parce qu'il grondait des spectateurs qui fumaient hors des limites permises, ou aurais haussé les épaules devant le spectacle des gens assaillant le bar à l'entracte afin d'y réparer les dommages causés par une pièce qui a l'audace — malgré d'affreuses coupures — de durer cinq heures. Il se vendait là, en trente minutes, des montagnes de sandwiches, des rivières de champagne ou de bière blonde, dans un tohu-bohu et un affolement de sauve-qui-peut. Cela aussi j'aurais aimé que mes compagnons de misère puissent le voir tout d'un coup, par quelque miracle de la télévision, là-bas, dans leurs geôles.

Moi, qui, durant ma captivité, m'étais nourri du *Soulier de Satin* comme de pain blanc ! Moi qui depuis tant d'années rêvais au jour où la pièce serait montée sur un théâtre ! J'étais là. J'assistais à la réalisation de mon rêve. Et, non ! cela n'avait pas l'air vrai. Il manquait quelque chose. Un souffle autour de cette enceinte, une ferveur, que le Temps de la Sottise avait bâillonnée. Si bien que

16. Adolf Hitler et le Maréchal Pétain.

je me sentais sacrilège. Et sacrilèges aussi, tous ces spectateurs, tous ces acteurs qui avaient participé à cette exhumation prématurée, sacrilège enfin l'auteur qui l'avait permise et honorée de sa présence.

Je saisissais d'un seul coup la loi qui avait été la règle des plus purs, celle qui aurait dû être la règle de tous en ces temps d'attente : le silence. Il ne s'était rien passé en juin 1940. Je l'affirme ! Rien ! La guerre continuait. Nous étions toujours en guerre contre l'Hydre dans l'attente de la voir vaincue et désormais hors d'état de nuire au monde civilisé. Il convenait de faire silence dans cette attente.

Le mardi matin je passai la matinée chez Henri Cartier, 15 quai Bourbon. J'y admirai les photos saisissantes de sa charmante femme en danseuse javanaise. Puis nous déjeunâmes ensemble avec Camus dans un petit restaurant de la rue du Bac. Des moments comme celui-là, oui, vraiment, je crois que c'est cela qui pourrait me redonner le goût de la vie en société. Je m'y sentis pénétré d'une bonne chaleur humaine. Ô douceur de la fraternité ! Il y avait des années que je n'avais connu cela. Je ne sais si Cartier et Camus étaient pareillement émus. Moi, au sortir de mes barbelés, ma sensibilité toute neuve encore et que rien encore n'avait pu toucher, ni le retour, ni les paysages du pays, ni Paris, ni les Arts, tout d'un coup, au contact de ces deux cœurs d'hommes, s'éveillait. Ah ! sans doute n'est-il pas donné tous les jours de rencontrer deux êtres aussi purement perméables à la Vie. J'en étais ébloui. Enfin, elle était là, la Vie. Dans l'assurance que j'avais que l'Univers, si plongé qu'il fût dans la sottise, comptait encore de tels élus. Hélas ! je ne me souviens plus déjà de nos propos. Non qu'ils ne m'aient marqué, au contraire. Mais j'ai une si déplorable mémoire...

L'après-midi, je passai à la N.R.F. J'y revis Camus, Lemarchand, Paulhan, Grenier et Sartre dans un éclair, sollicités qu'ils étaient de se réunir pour le prix de la Pléiade. J'y connus Maurice Blanchot et Georges Bataille, la charmante Janine Gallimard. J'y retrouvai enfin Maurice Fombeure qui m'entraîna chez René Lacôte[17]. J'avais quitté autrefois en 1928, il y avait de cela quinze ans, un collégien de troisième B qui m'envoyait des poèmes écrits à l'encre verte et qui portait toujours sous le bras des livres de L. P. Fargue. Je retrouvais un petit vieux miteux et crasseux à grosses lunettes, à tignasse noire, genre nihiliste russe. C'était Lacôte traînant la savate et tenant une petite librairie rue Vaneau de si pauvre apparence et de si faible rendement sans doute que le rideau était déjà à demi baissé et que l'intérieur n'était plus éclairé que par une bougie aux tremblotements sinistres. Je ne sais quelle impression de tristesse s'empara aussitôt de moi. Il me semblait que j'avais devant moi l'Allégorie du poète raté, le Symbole même

17. Le poète René Lacôte, qui fut longtemps critique aux *Lettres Françaises*.

d'une certaine médiocrité dont le rêve certes fut grand et ailé mais dont les moyens étaient restreints.

Le soir, j'étais invité à dîner par le Folliculaire Véreux[18]. Dîner somptueux dans un cabinet particulier de restaurant de luxe. C'était la première fois que je m'asseyais à la table d'une Excellence. J'en fus un peu grisé. Mais c'était seulement à cause de la qualité et du mélange des vins qui nous furent offerts. Je m'en excuse. Mais ce n'est pas la place ici de développer un épisode qui aura jour ailleurs. D'autant que ce n'est pas mon fort de trôner dans les postures officielles et d'être protégé par Pandore.

Le lendemain, mercredi, dernier jour de mon séjour, j'allai voir le charmant Gabriel Audisio. J'eus la surprise d'apprendre qu'il venait d'être libéré lui aussi. Je m'explique : on l'avait arrêté sans lui dire pourquoi — on arrête tant de monde en ce moment ! — et on l'avait gardé 15 jours à Fresnes. Nous pûmes donc nous féliciter mutuellement. Nous n'étions pas moins curieux l'un que l'autre de connaître l'expérience de l'autre. J'eus plaisir à serrer la main et à féliciter sa jeune et belle secrétaire qui avait connu en même temps les horreurs de l'incarcération arbitraire. J'éprouvais une sorte d'euphorie, au sortir des barbelés, à sentir tant de civils si

18. Il s'agit d'André Masson (rien à voir avec le peintre) que Guérin connut en captivité, avant qu'il ne devienne secrétaire d'État aux prisonniers du gouvernement de Vichy. Sinistre personnage, il apparaît dans *Les Poulpes* sous ce nom de Folliculaire Véreux.

proches de nous, d'une conduite si noble dans l'exercice de la résistance.

En sortant de là, avenue de l'Opéra, je fonçai vers la gare St Lazare où j'avais rendez-vous avec René Lascaud. Lui, aussi, comme tant d'autres, il y avait plus de quatre années que je ne l'avais revu ! Comment allais-je le retrouver ? Je me faisais une fête de cette *revoyure*. Dois-je dire cependant que je fus un peu déçu. Je n'en marquai, bien sûr, rien du tout. Mais enfin je ne retrouvais pas chez lui, selon mon attente, cette dure flamme que j'avais tout de suite sentie chez Germaine et Jean Paulhan, chez Henri Cartier, chez Albert Camus comme chez Clara M[alraux]. Peut-être me suis-je trompé ? Je le souhaite. Il est vrai que nous ne sommes pas allés au fond du problème, que nous ne nous sommes pas départis de la plus exquise politesse, René ayant cet art égoïste de tenir même ses meilleurs amis à distance respectueuse de son moi intime et cachant ce qu'il entend cacher — on ne sait au juste pourquoi — sous une gouaille bonhomme faite de coq-à-l'âne et de calembours dignes de l'Almanach Vermot dont, bien sûr, il n'est pas dupe.

Nous déjeunâmes chez Lipp avec Cartier. Puis aux Deux Magots où nous prîmes le café, je sus par Cartier qu'il avait préparé pendant ma captivité, une dizaine d'illustrations ravissantes pour *Quand vient la fin*. À mon prochain voyage à Paris, il est convenu qu'il me montrera ces gouaches. L'intention me touche beaucoup. Et j'avoue que je serais heureux pour lui qu'on puisse faire, en plus de la réédition espérée, une édition de luxe avec ses illustrations[19].

Je retournai ensuite à la N.R.F. pour faire mes adieux. J'y revis à peu près tous ceux que j'y avais déjà rencontrés jusque-là. Toutefois, j'y fis la connaissance de Brice Parain[20] grâce à Camus. Quel homme charmant et intelligent. Nous discutâmes, sans être tout à fait d'accord sur Sartre. Cela n'empêcha pas ma sympathie pour lui de naître et de prospérer à mesure que notre entretien se poursuivait.

À 19 heures, j'avais rendez-vous chez Lipp avec Marcel Arland. L'avant-veille, il m'avait dit : « Nous dînerons avec André M[alraux] qui est de passage à Paris et qui désire vous connaître ». C'était me faire beaucoup d'honneur. Et je ne sais ce qu'il y a de vrai là-dedans. Le vrai, c'est que, de mon côté, j'étais tout bouleversé à l'idée que j'allais enfin me trouver en face d'André M[alraux].

Mais c'est en vain que j'attendis Arland. Il manqua au rendez-vous. Cette dernière soirée que j'avais escomptée la plus belle tournait mal. Allais-je devoir la passer seul ? J'étais navré ! Je m'assis machinalement à des tables où m'accueillirent Fombeure et Audisio et où je fus présenté

19. Ce projet sera sans suite.

20. L'écrivain et philosophe Brice Parain était à l'époque un des proches collaborateurs de Gaston Gallimard.

à Salmon, à Dumaine, à Blanchard[21], à d'autres dont j'oubliai le nom, à Béarn[22] enfin qui, vers 9 heures me voyant seul et désemparé m'invita à dîner avec sa fiancée.

Je passai là, grâce à lui, un dernier moment agréable. Pierre Béarn sans que je le susse avait beaucoup admiré *Quand vient la fin* et l'avait beaucoup défendu. À ce qu'il me raconta, il avait même été de ceux qui avaient agi le plus vigoureusement sur les Goncourt pour qu'ils m'octroient ce prix qui m'aurait épargné deux ans de barbelés. J'étais ému d'un dévouement si bénévole. Si laide que soit la vie, si laids que soient parfois les êtres, il est doux de penser qu'il se trouve ainsi, autour de soi, des exceptions. De tout ce séjour c'était d'ailleurs peut-être ce que j'avais trouvé de plus frappant. J'avais débarqué à Paris lourd des sarcasmes ou des mépris que j'avais essuyés de la part des faux intellectuels qui m'entouraient dans ma geôle et je ne voyais ici que gens — parmi les plus célèbres — acharnés à vanter mes mérites et ma valeur. Oh ! jeu étrange de la vanité !

Le lendemain matin (16.12.43), je partais pour Périgueux.

21. Il s'agit d'André Salmon, de Philippe Dumaine et de Maurice Blanchard, tous trois poètes.

22. Le poète Pierre Béarn n'est plus guère connu aujourd'hui que pour être le père de la formule « métro-boulot-dodo ».

1er avril 1944 - Périgueux

Voici trois mois pleins que je n'ai plus rien noté sur ce carnet. La vie m'a absorbé, m'a emporté dans un tourbillon et c'est à peine maintenant si je reprends pied. Toutefois, il m'a bien fallu réviser un certain nombre d'impressions du début. J'avais cru découvrir le moment où j'étais passé du pays barbare que je quittais à un pays civilisé. Je suis moins sûr aujourd'hui de mon fait. La France a été gangrenée partiellement. Il a suffi que tous les Français admirateurs de la Barbarie gouvernent pour que le climat spirituel de la France soit empoisonné. Çà et là, à cause de ces traîtres à la Civilisation, la Barbarie s'est installée. Sous la protection des Barbares, ces salauds ont exercé leurs sévices. On croyait que le peuple de France était civilisé dans sa totalité. On s'est trompé ! Oh ! ce n'est qu'une partie infime qui a trahi. Sans doute une proportion égale à celle des esprits éclairés en Barbarie. Il faut en passer par là : autour de nous, prêts à nous nuire, à nous torturer, à nous imposer les pires humiliations intellectuelles ou corporelles, des monstres français ont accrédité la Barbarie. À la radio, dans les journaux, dans les administrations de la République, dans la police, partout où une influence et une mainmise peuvent s'exercer, ils ont multiplié les mensonges, les impostures et les tyrannies.

Devant cette montée horrible, on est partagé entre plusieurs sentiments. On se demande s'il est bon d'accabler cette population qui, hélas ! dans sa majorité, accepte ce pire avec une passivité effrayante et semble prête à supporter sans réaction les plus tristes conditions vitales, allant même jusqu'à se vautrer dans la médiocrité toujours plus ignoble des plaisirs que les pouvoirs lui choisissent. Puis, on se demande s'il convient d'être aussi sévère. Il y a tout de même pas mal de Français qui se tiennent bien. Et pour beaucoup, parmi les autres, on est enclin à croire que ce qui les guide dans leur attitude c'est une sorte de sagesse qui leur permet de subir tout cela sans rechigner — sachant la vanité d'une révolte — dans l'espoir qu'ils ont qu'un jour viendra où l'Hydre sera enfin abattue et où ils pourront relever la tête et s'affirmer.

Les Français — et tous les peuples actuellement sous la botte — ne sont pas parfaits. Mais les souffrances et les violations multiples qu'ils subissent les font automatiquement prendre en pitié en même temps que s'exacerbent l'indignation et le mépris pour les Barbares qui se sont rendus coupables de tant de méfaits. Il y a d'ailleurs une confusion qu'il ne faut jamais commettre et qui guette le raisonneur. C'est celle qui tendrait à mettre sur le même plan Civilisés et Barbares sous le prétexte que ceux-là ont aussi leurs faiblesses ou leurs cruautés. Oui, il y aurait là une très grave escroquerie intellectuelle. Rien de comparable entre les uns et les autres. Entre des gens qui ont été élevés, éduqués et maintenus dans un idéal de Justice, de Paix, de Fraternité et de Respect de la vie humaine et des monstres qui ne mettent rien au-dessus des manifestations de la force, qui n'ont d'autres arguments que ceux de l'hypocrisie, des chaînes ou des coups et qui se laissent dominer par les excès du fanatisme le plus aveugle, il ne peut y avoir rien de commun. Entre ceux qui ne mettent rien au-dessus de la Tolérance et ceux qui croient fatuitement posséder la vérité, entre ceux dont l'esprit critique est toujours éveillé et ceux dont le cerveau obtus se prend toujours au sérieux, entre ceux qui ont le sens de la personne et ceux qui n'ont que des réactions collectives, entre ceux qui aiment le bonheur et ceux qui ne l'ont jamais eu, entre ceux qui ont toujours été les champions de la Raison et ceux qui en plein XXe siècle en sont encore à inventer de nouveaux mythes dont la grossièreté liturgique fait frémir, entre ceux qui s'efforcent de dissiper les illusions humaines, de chasser les phantasmes primitifs et de garder leur lucidité et ceux qui entrent en transe dès que retentit le grand tam-tam de leur tribu, non ! il ne peut vraiment rien y avoir de commun ! Si sévères que nous puissions être pour les corruptions de nos compatriotes, prenons bien garde de ne pas confondre ceux-ci avec les Barbares. Ces corruptions ne sont après tout que la conséquence inévitable des plus hautes vertus de la civilisation qui les animent. On a parlé en mal de la fameuse pourriture des démocraties. Bienheureuse pourriture !

Qu'on soit sincère : un pays qui a des Oustric et des Stavisky, des gangsters ou des bootleggers ne vaut-il pas mieux, dix millions de fois, qu'un pays où le crime est entre les mains de la police ? Ah ! qu'on nous rende l'époque des Oustric et des Stavisky ! Une époque où il n'y a rien de plus horrible à signaler que l'habileté d'un financier véreux et la sottise des gogos, sincèrement, je crois qu'on peut bien dire que c'est une époque heureuse et paisible. Que les Barbares n'aient-ils d'autres crimes et d'autres malhonnêtetés sur la conscience ! Comme nous pourrions alors leur pardonner aisément ! Mais nous sommes loin du compte.

Non, n'ayons pas honte de ce que des esprits chagrins ont qualifié de matérialisme et qui est au contraire un des signes les plus sûrs de la Civilisation pour la simple raison que ce sont là des réalités admirables et parmi les réalités les plus saines de la vie humaine. Manger de bonnes choses, bien boire, coucher dans de vrais lits, jouir d'un confort raffiné, s'entourer d'objets agréables à l'œil, profiter intelligemment des trésors que dispense la Nature, il me semble qu'il n'y a rien là de contraire à la Vie. On sait assez à quoi a mené le faux-ascétisme des Barbares. On ne fabrique pas des saints et des sages en les asservissant matériellement. Pour travailler bêtement pendant deux fois plus d'heures qu'il n'est nécessaire, pour manger plus mal que des animaux, pour se priver de tout et n'avoir à consommer que des produits lamentablement artificiels et donc de basse qualité, pour faire abstraction de leur bonheur, pour se livrer avec une candeur si odieuse à la mutilation de leur existence, les Barbares, s'ils ont réussi à ameuter le genre humain, tout entier effrayé, contre leurs hordes, n'ont fait que s'enfoncer davantage dans l'erreur et dans la veulerie. Des saints et des sages ces gens-là ? Non ! des bêtes féroces et stupides...

Je croyais qu'une fois sorti des barbelés, c'en serait fini pour moi de l'horreur, que je pourrais enfin me mettre à vivre comme tout le monde, en homme libre. Quelle déception ! Je suis arrivé dans une France au moment où elle se trouvait plus que jamais traquée, où les Barbares ont trouvé, pour les aider dans leurs œuvres de basse-police, certains de nos compatriotes. Ce ne sont autour de soi que brimades collectives, couvre-feu, demandes d'identité, patrouilles, défenses de stationner, chicanes de barbelés, rafales inattendues de mitraillettes, inquisitions, perquisitions, arrestations, pillages, massacres ou supplices. J'avais pu m'inquiéter du coût inusité de la vie. J'avais pu croire que je n'arriverais pas à m'habituer à dépenser mille francs là où j'en dépensais cent autrefois. Et puis, je m'y suis fort bien habitué. L'argent n'a plus de valeur dans une existence où l'on n'est jamais sûr du lendemain, où l'on peut s'attendre à chaque instant à être arrêté, où l'on peut tout d'un coup être appréhendé, arraché de sa maison et fusillé comme otage quand ce n'est pire. Plus que jamais il faut vivre au jour le jour, heure par heure, en jouissant des petits bonheurs immédiats, en ne gâchant aucune chance. Alors, qu'importe le rythme des dépenses ? Si la vie nous est laissée, même si nous n'avons plus d'argent, nous saurons bien nous retourner. Sinon, à quoi notre argent aura-t-il servi ?

Je ne suis pas contre le Maquis. J'estime que les gens de la Résistance ont beaucoup de courage et de cran. Mais je considère qu'ils agissent avec une désinvolture coupable contre les populations civiles françaises. Dans une guerre normale, les troupes forment un front à l'abri duquel, à l'arrière, les civils sont protégés. Dans la guerre que mène le Maquis il n'en est rien. Son coup fait, le Maquis disparaît et abandonne les femmes, les vieillards, les enfants des villages et des villes à la vengeance des Barbares. Sans doute est-ce bien digne des Barbares de se venger sur d'innocentes victimes. Nous ne les en mépriserons que davantage s'il est possible. Cela n'empêche que le Maquis ne songe peut-être pas avec assez d'attention à ces populations désarmées, vierges de toute activité politique, seulement préoccupées de leurs travaux quotidiens et que cependant le Maquis prétend libérer un jour des Barbares. Étrange libération en vérité que celle qui les expose sans défense au supplice et qui les donne en proie à l'Hydre !

Dans toute la France, de multiples cas révèlent l'urgence qu'il y aurait pour le Maquis de prendre ses responsabilités. Pour ma part j'ai assez des exemples qui chaque jour, dans ce petit coin de Dordogne, viennent illustrer ma thèse. À Mussidan, à Rouffignac, à Peyzac, à Brantôme, demain et après-demain ailleurs, les exécutions et les massacres en masse des populations par les tireurs de la Barbarie nous apportent le signe d'une guerre odieuse et d'une sorte d'hypertrophie de la Sottise.

À Mussidan, en représailles d'attentats du Maquis, les Barbares s'emparent de tous les hommes qu'ils trouvent dans les environs, arrachant le camionneur à son camion, le paysan à sa charrue, le cordonnier à son fil, le garçon de café à son plateau, le pêcheur à sa ligne, l'adolescent à ses livres ou à son ballon, le terrassier à sa pelle, l'employé à son porte-plume. Toute une équipe de football venant de disputer un match se voit ainsi ramassée au moment de prendre le train. On enfourne tout ce pauvre monde qui n'en peut mais, et on l'emmène à Périgueux dans une caserne occupée par les Barbares. Et là, on le supplicie, on l'exécute, sans jugement, sans raison, avec une inconscience parfaite du respect de la vie humaine.

À Rouffignac, toujours pour les mêmes raisons, les Barbares mettent le feu aux quatre coins de la forêt et ainsi, grillent sans espoir d'en réchapper les populations des fermes isolées et des villages disséminés dans la forêt.

À Peyzac, sachant deux cents gamins réfractaires, réfugiés sans armes et sans aide — pourquoi le Maquis ne les avait-il pas mieux protégés puisqu'ils venaient à lui ? — dans un vieux moulin, cernent ce moulin et abattent comme des lapins ces enfants sans chef et sans défense.

On en a retrouvé, qui avaient dû courir, à plus de deux kilomètres du moulin, traqués, poursuivis, en pleine nature par ces brutes ivres de carnage. Beaucoup de ces enfants avaient subi d'atroces mutilations. Les Barbares s'étaient acharnés sur certains corps au point que les parents mêmes les trouvèrent méconnaissables.

À Brantôme, parce que le Maquis avait abattu un général important de la police Barbare et deux de ses aides de camp, les Barbares, comme ils l'avaient fait à Aubusson le 9.1.44, cernent la petite ville, pénètrent dans les maisons, mitraillette ou revolver au poing, brisent tout, pillent, s'enivrent et commencent le massacre. Les gens sont abattus au moment même où ils ouvrent la porte de leur maison où ils frappaient violemment. Un homme d'âge, père de huit enfants — et qui ne doit qu'à cette circonstance son salut — a lui-même été arrêté alors qu'il conduisait un camion sur la route, absolument ignorant de l'attentat en question et des représailles qui ensanglantaient Brantôme. C'est lui qui m'a rapporté les scènes dont il a été témoin. Ancien combattant de la guerre 14-18, grand mutilé, héros de Verdun, il affirme n'avoir jamais assisté à rien d'aussi abominable pendant ses quatre années de front. Il a vu un jeune homme assommé à coups de crosse au point que la moitié de la tête avait fini par sauter, le malheureux agonisant pendant des heures à quelques mètres de gens terrorisés et qui avaient reçu défense de porter secours aux blessés. Il a vu deux Barbares séparer deux hommes qu'ils avaient arrêtés. Laissant l'un d'eux spectateur, ils s'acharnèrent d'abord sur l'autre, le rouant de coups ignobles jusqu'à ce qu'il ne donne plus signe de vie. Puis comme il semblait bouger un peu et revenir tout de même à lui, ils recommencèrent jusqu'à ce qu'il soit cette fois parfaitement inerte. Alors, comme ils étaient sans doute fatigués et que ce jeu ne les amusait plus, ils mitraillèrent sans explication le deuxième qui avait assisté, muet d'horreur, à la scène et qui s'écroula à son tour, tué net, percé de balles. Il a vu les Barbares charger des otages des deux sexes dans un camion. Comme le camion était archi-plein et qu'il restait quand même deux jeunes filles à monter, ils les abattirent froidement, s'évitant ainsi le souci de chercher la manière de les emmener.

Des horreurs de ce genre, hélas! dans tous les temps et dans tous les pays, je crois qu'on a pu en voir. Mais pas avec cette continuité, pas avec cette constance. En d'autres cas, certes! de telles horreurs ont eu lieu, mais du moins leurs auteurs avaient-ils l'excuse de la rage, de la colère, voire de la cruauté de leur nature. Nos Barbares n'ont pas même cette excuse — si c'en peut être une. Ils ont sûrement foyer, femme et enfants. Ils accomplissent leurs forfaits l'âme en paix — mais ont-ils une âme? — sans aucune espèce de conscience et simplement parce qu'ils n'ont pas le sens de la vie d'autrui, parce qu'ils peuvent agir envers leurs semblables avec la même insensibilité froide du boucher qui débite un quartier de veau ou de mouton. Je suis sûr qu'ils se moquaient éperdument du général abattu et même peut-être le haïssaient-ils au fond d'eux-mêmes. Il a suffi qu'ils reçoivent l'ordre de tuer et tout naturellement la machine s'est mise en marche sans réagir. Ils auraient tout aussi bien égorgé leur mère ou leur fiancée. On se demande quels sentiments seraient capables d'arrêter leur geste meurtrier. Il y a là un comportement si étrange, si éloigné du nôtre en pareille circonstance, qu'on est bien obligé de considérer que nous ne sommes pas faits de la même pâte. Cela me gêne profondément d'en arriver là. J'avais toujours cru jusque-là que les hommes étaient frères par le sang et qu'on pouvait par conséquent leur trouver un terrain d'entente. Il faut croire qu'il n'en est rien. De telles évidences assurent bien qu'il y a des Civilisés et des Barbares. Rien ne pourra faire que nous nous accordions jamais avec des brutes qui agissent au mépris de toute fraternité et de toute dignité humaines. Que si, dans leur cas, il y avait une foi politique vivace, je comprendrais qu'ils s'acharnent sauvagement sur les gens du Maquis, par vengeance, par méchanceté, par passion fanatique comme cela se vit dans les guerres civiles ou de religion et, il n'y a pas si longtemps encore en Espagne en 36-38. Mais là ? S'en prendre à la quiétude d'une population de province étrangère à ces conflits partisans ?

Je m'aperçois combien il m'est difficile de faire le point.

Depuis trois mois et demi que je suis rentré, il ne s'est pas passé de semaine que je n'aie à réformer mon jugement. Je croyais avoir touché le fond de l'abjection. Je croyais qu'il n'y avait pas pire que ce que j'avais vu de mes yeux là-bas, en Barbarie, ou que ce qui m'avait été rapporté. Et chaque jour m'apporte le témoignage de plus abominables forfaits. Jusqu'où n'iront-ils pas, les monstres ? Jusqu'où nos propres compatriotes inféodés aux Barbares par leur propre consentement comme les Miliciens et les G.M.R. ou par force comme les Gendarmes et les Agents de Ville, n'iront-ils pas, eux aussi ? La Sottise bat son plein. Elle a toujours son double visage. Celui de l'injure et celui du défaut de jugement.

Que penser en effet du degré d'abrutissement auquel sont parvenus les agents de cette ville, des méridionaux habituellement si peu disposés à prendre les choses au sérieux, quand on les voit appliquer à la lettre les consignes reçues ? Siffler une femme qui contemple la vitrine d'un parfumeur simplement parce qu'il déplaît aux Barbares qu'on s'arrête en face des immeubles où ils cantonnent ! Comme ces Barbares ont mauvaise conscience ! Ils finissent par voir des terroristes — des justiciers, dirons-nous — dans la personne des êtres les plus inoffensifs. Et comme il vient d'être interdit de faire des rassemblements de plus de deux personnes, voilà nos mêmes agents, absolument fous, injurier une famille, le père, la mère, la fille et le bébé, parce que l'on fait faire pipi au bébé et qu'il a bien fallu, pour cela, que la petite famille suspende sa déambulation paisible et s'arrête ! Oh ! bêtise incommensurable de l'homme subjugué par la Barbarie !

En plein printemps, nous voici avec le couvre-feu à six heures du soir quand il fait seulement nuit à neuf ! Pourquoi n'interdit-on pas tout à fait aux gens de sortir de chez eux ? Ce serait bien plus simple. Après tout, on mourrait seulement de faim au bout de quelques jours. À cause de ce couvre-feu stupide, la vie intérieure de la cité se trouve complètement faussée. On ne sait plus quand les magasins sont ouverts ou fermés. Pour les choses les plus invraisemblables il faut faire la queue, ces queues qui sont un des symptômes les plus lépreux de la Barbarie, ces queues que les Français semblent avoir trop facilement acceptées.

J'évolue un peu à la manière d'un Huron au milieu de toutes ces mesures barbares. La coupure a été trop longue pour moi. J'ai conservé l'attitude que j'avais avant le passage de l'Hydre. Je fais abstraction de tout ce qui a été conçu depuis. Je ne pense qu'à ce futur qui me rendra le climat civilisé dans lequel j'évoluais. Je n'accepte pas l'état de fait. Et je m'en félicite. Mais ce n'est pas sans souffrance pour moi. Les gens ont tellement changé depuis quatre ans que je ne les reconnais plus. Ce ne sont plus les mêmes. Cela me donne l'impression, non pas d'être revenu dans mon pays après une longue absence, mais d'avoir été transporté sur une autre planète après un dur sommeil. À chaque instant, j'ai la tentation de secouer par les épaules ces gens stupides qui se sont si facilement résignés au pire et de leur demander s'ils se souviennent encore du Temps, pas encore si lointain, où ils vivaient autrement, où ils étaient tout de même des êtres vivants et libres et non des ombres, non des cloportes rampants, ayant peur de tout, même de leur voix, ou du bruit de leurs os, et qui semblent prêts à accepter passivement, eux aussi, les excentricités criminelles et les abjectes mutilations des Barbares affolés.

Périgueux - 4 avril 1944

Tragique écoulement du Temps ! Le Temps passe et m'emporte. Trois mois sans rien noter sur ce carnet et quand je m'y décide c'est pour me lancer sous le coup de l'indignation contre quelques-unes des ignominies actuelles. Pourtant, depuis mon retour, depuis mon arrivée ici après mon court séjour à Paris, que de choses se sont écoulées !

Je ne sais quelle pudeur m'a retenu de parler jusqu'ici de ma chère femme que j'ai enfin retrouvée après quatre années d'absence. Pour tant d'autres de mes compagnons de misère, pour Doudou, pour Raf, pour Foucher, il n'a pas suffi qu'ils souffrent d'une longue et injuste captivité, il a fallu encore qu'ils assistent impuissants et parfois inconscients, à la destruction de leur foyer, à la trahison de la femme qu'ils aimaient. Moi, au contraire, j'ai retrouvé S[onia] plus aimante et plus tendre que jamais. Quelles qu'aient pu être pour elle ces quatre années, je ne veux me soucier que d'une chose : le miracle de son apparition sur le quai de la gare de Périgueux où je l'attendais à la descente de son train et l'amour qui illuminait son visage. Il me semblait que nous nous étions quittés la veille. Le fil de la vie, hier rompu par les événements, se trouvait tout naturellement renoué. Il n'y avait aucune gêne entre nous, rien de ce que nous avions, l'un et l'autre, tellement redouté. Comme nos rapports dès le premier abord s'avéraient faciles ! L'amour que nous avions entretenu dans nos cœurs respectifs pendant l'absence avait fait ce miracle.

Oui, je crois que c'est une grande pudeur qui m'a retenu jusqu'ici de parler de ma femme. Oh ! je sais que la pudeur n'est pas mon fort. Je n'aime pas beaucoup la façon qu'ont les gens de mettre tant de choses au compte de la pudeur. Mais tout de même, là, pour mon cas, je crois que c'était de la pudeur. Tout au long des innombrables pages du Temps de la Sottise, aussi longtemps que nous avons été séparés l'un de l'autre, S[onia] n'a cessé de hanter ma pensée. Elle était là, présente, dans chaque ligne que j'écrivais. Une fois que j'ai eu le bonheur d'être enfin uni à elle, je n'ai plus osé faire de ces notes mes confidentes. Tout ce que je confiais là-bas, à mon carnet, tous les mots d'amour que j'y traçais, depuis mon retour, c'était à S[onia] elle-même que je pouvais le confier, que je le disais.

Et puis, pendant ces mois qui ont suivi, ç'a été un tel tourbillon de voyages, de déplacements, de gens qu'il fallait voir ou que j'avais joie à retrouver, de réadaptations à faire, de confrontations à risquer, de soucis, d'organisations nouvelles, de remises en route, Périgueux, Montcaret, Bordeaux, Montcaret, Périgueux, Bordeaux, Paris, Périgueux, Bordeaux, Périgueux... c'est seulement depuis hier que je me sens enfin au calme, étonné de n'être pas encore tombé malade depuis mon retour alors que je sais que la plupart des rescapés n'ont pas échappé à ce contrecoup, et ne sachant pas très bien si l'avenir ne me ménage pas encore de fâcheuses surprises qui viendraient une fois de plus troubler la paix si chèrement conquise dont il me semble que je saurais pleinement jouir aujourd'hui si seulement elle m'était laissée.

L'important, c'est que S[onia] et moi nous soyons retrouvés avec un sens si parfait de notre entente. Tout se passa comme si l'absence avait dissipé les ombres d'autrefois. Il n'y avait plus chez l'un et chez l'autre que la plus douce des certitudes. Nous avions pu, en quatre ans, méditer sur nous-mêmes, chacun de notre côté. De cette amère et nécessaire méditation était né ce sentiment que nous avons désormais de la solidité de notre affection, de notre impossibilité à reporter sur un autre, sur un nouvel être, tout ce bagage de neuf années de bonheurs et d'épreuves auquel nous sommes cimentés.

Nous sommes entrés de plain-pied dans nos tendresses passées, dans notre langage intime, dans nos vieilles habitudes, dans nos relations sexuelles. Vraiment, avec quel autre être que S[onia] pourrais-je vivre vingt-quatre heures ? Elle seule est capable de me comprendre, de me vivifier. Elle m'est à la fois un repos et un stimulant. Elle n'a rien perdu de sa vitalité admirable. Mais elle est devenue beaucoup plus indulgente à mes fautes. Peut-être y a-t-il beaucoup d'égoïsme dans la volonté mutuelle que nous avons de ne vivre que l'un pour l'autre, que l'un par l'autre, mais les épreuves que nous avons subies nous en donnent le droit estimons-nous. C'est grâce à la force de cet appui que nous trouvons dans l'union de notre couple que nous pouvons supporter les duretés de l'époque et surmonter les déceptions que ne manquent pas de nous apporter les êtres que nous croyions les plus proches de nous.

Là, je parle surtout pour moi. Des déceptions de ce genre, c'est plutôt au début, il y a trois ans que S[onia] les a connues, quand elle était privée de moi, abandonnée à elle-même, livrée aux persécutions et qu'elle a vu certains de ceux sur qui je comptais justement, pour l'épauler, lui manquer. Depuis, elle avait pu s'armer d'indifférence ou de mépris et gagner le courage de sourire malgré tout. Moi, je viens de les connaître à mon retour ces déceptions. J'avais eu beau les prévoir pendant ma réclusion, j'avais eu beau m'attendre à ce genre de douches froides, elles ne m'ont pas moins été pénibles et je crois que j'en resterai, dans un sens, aussi marqué que par ma captivité.

Oui, là-bas, nous étions quelques-uns à nous méfier des paroles que nous pourrions dire ou des questions qu'on pourrait nous poser à notre retour. Nous devinions que nous pourrions être heurtés, blessés, par ceux, par certains de ceux qui nous accueilleraient. À l'avance, nous avions pris la décision de ne parler et de ne répondre qu'avec circonspection sachant bien tout ce qu'on pourrait nous reprocher et sachant bien aussi la facilité avec laquelle on oserait nous inventer ou nous limiter. Nous en étions venus au point de nous promettre de ne plus parler des barbelés qu'entre nous, de nous dérober aux confidences et de ne pas répondre aux questions maladroites ou blasphématoires. Je dois dire que malgré ces précautions je me figurais que je n'aurais rien à redouter de mes proches. L'attitude farouche, le silence, tout cela serait pour les étrangers. Mais, sans nul doute, les amis, eux, sauraient nous comprendre et nous pourrions ouvrir notre âme, laisser saigner notre cœur librement devant eux.

Hélas ! j'ai dû bien vite déchanter. Nous n'avions vu que trop juste ! Autour de moi, que de malentendus ! Tant d'amis que j'aurais désirés dans ma ligne et qui, parce qu'ils n'avaient pas été trempés par l'épreuve, faisaient montre d'une indulgence coupable envers mes tortionnaires. Tant d'autres qui sans savoir même quel avait été le climat de ma réclusion osaient m'inventer et me prêter des sentiments ou des facilités que je n'avais pas. Tant d'autres encore qui me traitaient comme si vraiment j'avais vécu depuis quatre ans leur petite vie tranquille et qui exigeaient de moi ce qu'ils pouvaient exiger d'eux-mêmes sans se rendre compte de mon dépaysement, de ma sauvagerie.

Je ne sais si je n'en dois pas accuser que moi-même. Il y a plusieurs hommes en moi. Il y a, à la fois, un dur et un mou, un enthousiaste et un mélancolique, un constructeur et un démolisseur, un optimiste et un pessimiste, un bon et un méchant, un croyant et un nihiliste, un pur et un impur, un sage et un fou. Et il y a aussi un côté de moi-même toujours prêt à se moquer de chacune de ces tendances qui fait, qu'en fin de compte, ce qui domine mon caractère c'est une propension à rester rétif devant les engagements, de quelque sorte qu'ils soient, dès qu'ils précisent leur emprise.

Tout cela est très difficile à expliquer, à analyser. J'ai moi-même beaucoup de mal à m'y retrouver. Comment les autres ne s'y tromperaient-ils pas ? Il faut bien qu'ils m'inventent à leur manière. Et selon que je laisse dominer devant eux l'un ou l'autre de mes « moi », les voilà qui cristallisent leur jugement sur cette apparence d'un moment. Cette malheureuse compréhension de ma nature fait que je suis fatalement appelé à être mal jugé.

J'ai bien senti dans l'attitude de mes amis de B[ordeaux] une certaine réprobation quand ils me voyaient témoigner une telle haine aux Barbares. Parbleu ! ils n'ont pas eu à souffrir de ceux-ci. Pour eux, tout s'est passé le plus simplement du monde. S'ils n'osent pas me contredire, par politesse, parce qu'ils ont un peu de pitié pour celui qui sort de quarante-deux mois de réclusion, parce qu'ils le considèrent comme un enfant qui n'est plus au courant de la vie, comme un convalescent qu'il convient de ménager, ils ne doivent pas manquer entre eux ou intérieurement de me plaindre, de me juger excessif ou injuste. Je les entends d'ici : « Quand même, il exagère. Il est revenu bien aigri ! » ou bien : « Laissons le dire, ça lui passera ! » Comment me comprendraient-ils ? Nous avons suivi des routes complètement divergentes. J'ai tout perdu, j'ai su ma femme torturée, dépouillée, mes propres biens détruits ou saccagés. Eux, au contraire ont vu la roue de la Fortune tourner en leur faveur. Cette chance a coïncidé avec la venue des Barbares. Instinctivement, ils font plutôt bon visage à ceux qui semblent avoir été d'heureux messagers de prospérité. Si je me permets même d'insister un peu, ils doivent me trouver hargneux et pénible. Oui, ils ont raison, je suis mal venu de me plaindre. Je n'ai jamais considéré, comme eux, que la République était morte, qu'il y avait eu pour elle une défaite. Cependant, moi, pour mon compte, je sais bien que tout s'est passé comme si j'avais été vaincu. Je ne me cache pas que je suis un vaincu, que je suis de ceux qui ont payé. Et comme tel, je me dois au silence. Plus de plaintes, plus de rancœurs. Il faut se taire. Se durcir encore un peu plus, fortifier et épaissir son écorce pour protéger mieux la tendresse de sa chair. Il ne m'en reste pas moins beaucoup de peine au fond du cœur. Ces êtres, autrefois, pensaient comme moi et moi, je pensais comme eux. Mais maintenant c'est fini. Un fossé nous sépare. Nous sommes toujours amis. Nous avons toujours les mêmes mots et les mêmes gestes amicaux, mais ce n'est plus ça. Quelque chose s'est brisé. Ah ! certes, si je consentais à oublier ces quatre années, si je me mettais à vivre comme eux, si je devenais semblable à eux, tout serait facile. Ils se figurent que je peux, que je vais pouvoir leur ressembler. Moi, je sais bien que c'est impossible. Et je sais aussi qu'il leur est impossible de me rejoindre dans mon isolement. Nos rapports sont donc cordiaux dans la mesure où nous n'entrons pas dans le vif du sujet, où comme ces vieux ménages déçus nous nous gardons bien de parler de tout ce qui pourrait nous diviser. Mais qu'y a-t-il encore de commun entre nous ? D'un côté, il y a ma haine, de l'autre le caprice de leurs petits égoïsmes dérangés par les contraintes de la guerre. D'un côté ma détresse d'homme, de l'autre leur appétit vital. D'un côté la fidélité de mon souvenir à ceux qui sont restés là-bas, de l'autre une volonté d'oubli presque féroce de tout ce qu'il y a actuellement de souffrant dans le monde. D'un côté le découragement de celui qui a perdu tout ce qui faisait le cadre harmonieux de son existence et qui se voit à quarante ans plus démuni qu'à vingt, de l'autre le philistinisme de ceux qui sont enfin nantis et s'installent commodément et tout naturellement dans leur situation de nouveaux riches, de bourgeois cossus. Ah ! je me sens tellement perdu au milieu de cette jungle que j'en viens à me demander ce que je deviendrais si S[onia] venait à me manquer. Elle est l'unique branche à laquelle je parviens à me raccrocher. Si elle était rompue, si S[onia] n'existait pas, je crois que je ne saurais pas vivre dans ce monde incompréhensible. Je souffrirais trop au milieu de ces amis avec lesquels il n'y a plus de communion possible. Quant à l'unique membre de ma famille qui me reste, quant à ma mère, c'est maintenant un gouffre qui nous sépare. Je n'ai jamais pu passer une heure près d'elle sans avoir l'âme ensanglantée. Maintenant c'est pire encore. Malgré tout ce qu'a enduré son fils, malgré toutes les persécutions subies par S[onia], et par le père de S[onia], elle ose être du côté des Barbares. Elle souhaite leur victoire. Elle est de cœur avec eux. Elle pactise avec les traîtres et, ma foi ! c'est à peine si son égoïsme et sa cupidité tiennent compte des quatre années que je viens de passer...

Quand je me livre à ce poignant tour d'horizon, je ne

vois vraiment qu'une issue. Oui, si je venais à être privé du secours et de la présence sublime de S[onia], je crois que je ne désirerais qu'une chose : m'en retourner là-bas, avec ceux qui souffrent encore dans les barbelés. Oh ! ce que j'avance là peut paraître horrible. Mais c'est la vérité. Je suis sûr que ma place serait là-bas, parmi eux. C'est sans aucun regret que je quitterais la vie libre où je suis revenu et que j'irais volontairement me remettre pieds et poings liés entre les mains de mes anciens geôliers afin de partager jusqu'à la fin le sort de ceux avec lesquels j'ai vécu quatre ans. Qu'on me croie, il n'y a là aucun goût du martyre. Si je cherche à me comprendre je pense qu'il y a dans mon cas un peu de cette fraternité qui unissait durant la guerre 14-18 les combattants. Je me suis souvent élevé contre les couplets écrits sur ce fameux esprit du front. Il me paraissait odieux que des hommes pussent préférer la boue, la pouillerie, les promiscuités et les dangers des tranchées, à la vie facile et voluptueuse de l'arrière. Pourtant, je les comprends aujourd'hui. Moi aussi, j'ai des frères. Et cela est si vrai, si fort, que je ne peux distraire ma pensée des compagnons que j'ai laissés là-bas, et que je ne me trouve jamais aussi d'aplomb que lorsque je peux me retrouver avec A. C. ou avec J. S. parce qu'ils ont été eux aussi prisonniers et qu'ils ont mené l'existence qui fut la mienne pendant tout ce temps.

Ceci dit, je dois avouer que durant ces trois premiers mois de mon retour, aucun de mes amis n'a cherché à me heurter de front. Ces choses désagréables, ces injures que nous redoutions d'entendre à notre retour, m'ont été épargnées. Du moins en avais-je été épargné jusqu'ici. Mais il n'a pas fallu moins que ce voyage de quinze jours à Paris que je viens de faire en compagnie de S[onia], pour que je sois durement échaudé.

Je voulais raconter ici par le menu chacune des journées ainsi vécues à Paris, mais j'y renonce. Il faut d'abord que je me délivre de ce poids qui m'oppresse, de ce poids accumulé par les injures qu'il m'a fallu entendre par deux fois.

Parmi toutes les démarches qui ont été faites pour me faire revenir, Marcel Arland m'avait laissé entendre qu'il fallait sans doute compter aussi celle tentée par J[acques] C[hardonne]. Je me devais donc d'aller remercier ce dernier. Je songeais à lui demander rendez-vous par politesse quand le hasard voulut que je me trouvasse chez lui sans que j'aie eu le temps de me préparer à cette confrontation difficile. Il y avait dans le bureau de J[acques] C[hardonne] son associé J. D., Marcel Arland et sa femme, puis S[onia] et moi.

Toujours très homme du monde, merveilleusement bien habillé et plus beau peut-être qu'il n'a jamais été, J[acques] C[hardonne] s'adresse à S[onia] tout d'abord: « Prenez place dans ce fauteuil, Madame. Nous allons faire salon autour de vous. » J'étais un peu gêné par ce ton mondain qui semblait indirectement me donner une leçon de maintien et m'inviter à la bienséance en même temps qu'à une parfaite discrétion de langage. Mais j'étais dominé par d'autres soucis. Tout d'abord, j'entendais marquer ma gratitude à celui qui avait collaboré à la libération. Et je n'y manquai pas. Puis, il me semblait qu'il y aurait non seulement un certain courage moral, mais qu'il était indispensable que je signifiasse ma position. Je ne voulais pas que J[acques] C[hardonne] suppose que j'étais de son côté. Je ne venais pas chez lui pour lui reprocher ce qu'il était, mais simplement pour qu'il sache que je ne partageais pas ses convictions.

Si je m'étais tu, selon ce que Madame Arland me disait ensuite qu'elle aurait voulu que je fasse, je m'étais contenté d'une visite de gratitude et que j'eusse remis à une deuxième visite la mise au point que je désirais, dans quelle fausse position je me serais placé. C'est alors que J[acques] C[hardonne] aurait pu s'étonner. Me taire, c'était tacitement lui laisser croire que je partageais son point de vue, c'était créer un malentendu que je n'aurais pu ensuite dissiper.

Oh ! ce n'était pas de gaieté de cœur que je prononçais les paroles que j'avais en tête. J[acques] C[hardonne] avait toujours été parfait pour moi. À chacun de mes livres, il m'avait spontanément écrit les lettres les plus chaleureuses ! Vraiment il avait toujours tout fait pour moi et moi jamais rien pour lui. De plus il était mon aîné et j'étais chez lui. En homme bien élevé j'aurais dû me taire. Mais, je préférai passer pour impoli plutôt que de commettre une malhonnêteté intellectuelle. C'était peut-être justement parce que J[acques] C[hardonne] avait participé à ma libération que je lui devais la vérité. Je savais que j'allais m'aliéner son amitié, que j'allais peiner les Arland, mais qu'importait tout cela qui me déchirait cependant ? Il fallait que J[acques] C[hardonne] sache ce que nous pensions de sa trahison dans les camps, ce que, pour ma part, je pensais de son enfantine et coupable erreur.

Si J[acques] C[hardonne] s'était contenté de me dire qu'il s'en tenait à son point de vue et que je n'avais qu'à m'en tenir au mien, je n'aurais pas poussé outre. J'estime qu'on peut être opposé politiquement sans se haïr. Pour ma part, aucune haine contre J[acques] C[hardonne]. Je ne lui souhaite et ne lui veux aucun mal. Il peut dormir en paix. Il n'a aucune crainte à avoir. Ce n'est pas moi qui l'abattrai d'une décharge de mitraillette, ni qui le ferai traduire en haute-cour. Je ne suis ni un tueur, ni un Saint Just. Je dois même dire que j'aurais eu plaisir à inviter cordialement J[acques] C[hardonne] à dîner après lui avoir asséné quelques vérités qu'il méritait d'entendre. Je ne suis pas méchant. J'ai quelquefois le sang chaud et je m'indigne alors facilement. Mais cela ne va pas plus loin. Oui, j'aurais voulu pouvoir m'en prendre à J[acques] C[hardonne] malgré le respect que j'ai pour ses cheveux blancs, comme on s'en prend à un copain quand on estime qu'il a mal agi, en le cramponnant par les revers de son veston mais sans que cela mette en cause l'amitié qu'on a pour lui.

Hélas ! J[acques] C[hardonne] prit les choses tout autrement. Il ne se contenta pas de m'opposer son propre point de vue comme j'aurais compris qu'il fît. Après tout, il est libre de penser ce qu'il veut. Et moi aussi. Mais il eut l'audace de vouloir justifier la thèse Barbare. Suprême insolence ! Pouvait-il proférer une injure plus abominable que celle qui consistait à défendre les Barbares devant un homme qui avait tant eu à souffrir d'eux ? Ah ! sans doute, si nous n'avions pas été chez lui, et en nombreuse compagnie, je lui aurais vraiment dit tout ce que j'avais sur le cœur depuis quatre ans.

Ensuite, Marcel Arland, navré, me disait que j'avais été affreusement dur et que le pauvre J[acques] C[hardonne] allait en être malade pendant quinze jours, tant il a mauvaise conscience actuellement, tant il se croit condamné, tant on lui a fait peur, tant il se rend compte de la stupidité de la position qu'il a prise avec une candeur politique qui est si effrayante qu'elle a fini par l'effrayer lui-même. Mais je ne lui ai pas dit la millième partie de ce que j'aurais pu lui dire. Au contraire, j'estime que j'ai été prodigieusement mesuré. Je crois bien que ce que je lui ai dit de plus dur c'était qu'il avait eu tort de ne connaître l'Allemagne qu'à travers les lambris et les cristaux des palaces et des ambassades, qu'à travers le luxe des sleepings et le raffinement des salons berlinois, qu'à travers les conversations des belles Barbares emperlouzées et les beautés musicales des festivals donnés en son honneur, et qu'il aurait pu s'en faire une autre idée en venant passer une quinzaine parmi nous dans nos barbelés où nous l'aurions invité avec joie, et où nous l'aurions tellement plus respecté, si ridicule et si malheureux qu'il lui eût pu sembler être, avec les deux couvertures, la gamelle et la cuillère qu'on lui aurait distribuées, ses bagages fouillés de fond en comble et partiellement pillés, son beau costume de voyage à tout jamais tirebouchonné par les désinfections, un képi de « Travaux publics » sur le crâne et une paire de sabots de bois aux pieds ! Ce n'était pas féroce. Tant pis si J[acques] C[hardonne] en a été malade pendant deux semaines. J'estime que sa souffrance n'a pas payé un seul quart d'heure de la peine que j'ai endurée pendant quatre années. Par conséquent, je me sens la conscience très légère.

Mais le grand grief de J[acques] C[hardonne] vient de ce que je pensais autrement il y a quatre ans. Parbleu ! Nous n'allons pas revenir là-dessus. On ne va pas me reprocher d'avoir fait crédit aux Barbares. J'étais pacifiste, internationaliste, antimilitariste. Je le suis encore. Plus que jamais. Je croyais que les Barbares ne seraient pas capables d'exécuter les méfaits que leur Grand Olibrius avait cependant mis à son programme. Je voulais faire confiance à l'Homme, envers et contre tout. Je sais maintenant que je me trompais. J'ai assez payé, j'ai assez chèrement payé mon illusion, pour qu'on ne vienne pas maintenant me jeter dans les jambes mon ancien idéalisme. Quel est celui d'entre nous qui ne se trompe pas au moins une fois dans sa vie ? Même celui qui se croit le plus lucide, qui a l'esprit le plus clair ? Là où il y aurait justement de la malhonnêteté intellectuelle c'est à vouloir s'entêter dans une position sachant bien qu'elle est fausse, c'est à vouloir nier l'évidence. Peut-être J[acques] C[hardonne] n'osait-il pas devant moi avouer la faute qu'il avait commise. Moi, devant lui, je n'avais pas eu honte cependant de reconnaître à quel point j'avais pu autrefois me leurrer.

Au reste, nous vivons dans une telle confusion et le maintien d'une position logique dans le chaos politique actuel est si difficile que je ne sais plus très bien conserver mon équilibre et que je n'arrive pas à être parfaitement conséquent avec moi-même. Ma lucidité a de telles exigences que je vois bien par où chacune de mes justifications possibles pêche, mais je ne parviens pas à concilier en moi tous ces contraires. Il en résulte un sentiment d'insatisfaction. Mon discernement est toujours en lutte avec mes élans ou mes résolutions. À chaque instant, je suis obligé de constater qu'il y a antinomie entre mes idées. Je ne peux défendre les unes sans porter tort à d'autres auxquelles je tiens tout autant. Tant que je reste sur le plan idéologique, ça va encore. Je retombe à peu près d'aplomb. Dès que je passe au plan pratique, je sens bien que mes haines, mes exclusives et mes convictions s'accordent mal. Il naît en moi mille contradictions et je n'ai plus d'autre recours alors, que de me précipiter dans une haine générale du genre humain, qui me fait mal et me laisse insatisfait car elle n'est pas moins injuste que les haines particulières.

Mais j'en viens à ce deuxième épisode qui, bien plus encore que le premier, m'a déchiré. C'est cette fois de la bouche de mon meilleur ami, de R[ené] L[ascaud] lui-même, que sont sorties les injures redoutées, les fameuses injures que des étrangers mêmes n'avaient pas osé jusqu'ici prononcer. J'étais d'autant plus mal placé pour y répondre que je me trouvais en séjour chez R[ené] L[ascaud] en compagnie de S[onia] qui était navrée de n'avoir pu m'épargner ce supplice. Cela est d'ailleurs venu très bêtement. Nous en étions venus à parler du fameux problème franco-barbare. Les uns et les autres arriveraient-ils enfin à s'entendre ou fallait-il y renoncer à tout jamais ? R[ené] L[ascaud] qui n'a eu aucunement à souffrir de la guerre, sinon dans ses petites aises et qui n'a pas vu les Barbares à l'œuvre comme je les ai vus, en est resté au point de vue qui était le mien en 1939. Il se refuse à considérer qu'il y a des peuples barbares et des peuples civilisés. Il prétend que tous les peuples sont capables de s'abandonner tour à tour à la Barbarie, que les hommes ne valent pas plus cher les uns que les autres quand les circonstances leur permettent d'exercer leurs cruautés et leurs sévices. À l'appui de sa thèse il me citait les atrocités commises actuellement encore par les Yankees contre les noirs, ou il n'y a pas si longtemps par les Français après la guerre 14-18, voire par les Espagnols pendant la guerre civile 36-38 ou par les Russes tout au long de ces vingt dernières années. Il prenait appui sur ces faits pour excuser les Barbares. Peut-être qu'ils étaient ignobles, mais les autres peuples n'avaient pas fait mieux et, par conséquent, la seule chose qu'on pouvait dire c'était qu'on pouvait mettre tous les peuples dans le même sac, qu'il n'y avait plus qu'à vomir l'univers entier acharné à sa perte imbécile. Après tout, les Barbares ne faisaient que se venger de la barbarie avec laquelle les Français les avaient traités après 18. Il fallait même reconnaître beaucoup de mansuétude et de modération aux Barbares. Beaucoup à leur place auraient fait pire. Etc...

Très doucement, je me bornai à répondre à R[ené] L[ascaud] qu'il ne parlerait sans doute pas ainsi s'il était passé par où j'étais passé. Là-dessus, il éclata. Positivement. Le visage enlaidi d'une joie mauvaise, il me prit violemment à partie. Ainsi, j'étais donc devenu comme les autres! Je sombrais dans les excès vomis du patriotisme le plus chauvin. Il était certain que mon expérience de captif n'avait aucune valeur, que je n'avais pas le droit de m'en targuer. Après tout, je n'avais pas à être tellement fier de ce qui m'était arrivé. Il ne fallait pas considérer cela comme un exploit bien brillant ni que je me figure que je méritais la croix. Non, une expérience comme la mienne n'était pas valable. En faire un argument c'était raisonner avec mauvaise foi. Du reste R[ené] L[ascaud] savait pertinemment que je ne connaissais rien au problème franco-barbare. Il en était sûr. Il le savait mieux que moi car jamais en effet dans mes lettres depuis 1929 je n'avais fait preuve d'une connaissance exacte de la question. Lui, au contraire, il se prétendait fort au courant. Comment s'était-il documenté ? En lisant des livres. Des livres écrits par qui ? Par des gens qui avaient vécu des expériences valables et qui les rapportaient. Moi, au contraire, par mes propos, je lui rappelais l'attitude de ces grands mutilés de 14-18 qui avaient fait leur situation et leur fortune sur leur moignon et avec lesquels lui, R[ené] L[ascaud] ne pouvait jamais discuter sans se sentir affreusement gêné, affreusement mis en état d'infériorité, par la seule vue de ce moignon qui témoignait peut-être des souffrances inouïes que ces hommes avaient subies, mais qui pourtant ne constituait pas à ses yeux une preuve convaincante de la valeur de leurs idées. J'étais dans le même cas qu'eux. J'étais même en train de devenir un revanchard. Mais oui ! Il en était sûr !

Ainsi, pendant deux heures, R[ené] L[ascaud] continua de blasphémer. J'étais tellement hébété de penser que c'était mon meilleur ami, celui que je supposais le plus compréhensif qui m'accablait si injustement que je restais sans voix. Je ne pensais plus à me défendre. J'étais seulement indigné et déchiré. Comment R[ené] L[ascaud] avait-il pu, à ce point, déformer ma pensée? Par quelle manie diabolique s'était-il laissé entraîner? C'était affreux. Je pris donc le parti de céder, de lui donner raison. À quoi bon discuter? Oh! certes, j'eusse aimé discuter — sachant bien tout de même la vanité de toute discussion — si cela était resté sur le plan fraternel du début. Mais ces injures ignobles avaient brisé quelque chose, quelque chose qui ne se reformerait plus jamais. R[ené] L[ascaud] venait de tuer notre amitié. Je n'avais plus qu'un étranger devant moi, un étranger dont soudain — les yeux cruellement ouverts — je découvrais, après tant d'années, les secrets psychologiques. Oui, ce R[ené] L[ascaud] que j'avais si longtemps auréolé, je saisissais tout d'un coup son caractère, je voyais clair en lui. Tout s'éclairait prodigieusement et mille petits faits de sa vie privée prenaient ainsi leur signification profonde.

Il y a maintenant plus de quinze jours que ces choses se sont passées, mais le Temps n'y a rien fait. Mon âme est en deuil: j'ai perdu un ami qui m'était cher. Cet ami est mort. À la place il n'y a plus qu'un fantôme qui s'appelle aussi R[ené] L[ascaud], un fantôme que je continuerai de fréquenter sans doute — le moins possible — avec lequel je continuerai à correspondre — mais sans jamais plus retrouver ce ton d'autrefois, ce ton de confidences que je conservais avec celui qui est mort, qui s'est tué, stupidement, devant moi, sans que je puisse rien faire pour arrêter son geste insensé.

Le lendemain de ce jour néfaste, j'eus une longue conversation au sujet de R[ené] L[ascaud] avec le cher H[enri] C[artier] que j'avais mis en relation avec celui-là du temps que j'étais encore dans les barbelés. H[enri] C[artier] et moi nous tombâmes tout de suite d'accord pour plaindre R[ené] L[ascaud]. Il n'avait point connu l'épreuve. Il n'était point passé par les routes difficiles où le destin nous avait conduits. Il lui manquait quelque chose.

Petit à petit, depuis des années, son cœur s'endurcissait, se fermait à la peine des hommes, au tourment du monde et tout cela se traduisait par un toujours plus grand égoïsme. Que lui avait-il manqué depuis des années ? Il avait trouvé de nouveaux amis avec lesquels bavarder de peinture, peintres comme lui comme B..., ou S...; il avait amoureusement meublé sa maison maintenant tapissée de Picasso, de Dufy, de Luce, riche de mille bibelots charmants où son goût exquis et sûr avait pu s'exercer et garnie de belles bibliothèques où les meilleurs livres des deux mondes s'entassaient. Son luxe et son plaisir étaient de recevoir afin de montrer ses réels talents de cuisinier, la qualité de ses vins et alcools, la splendeur de son café, le raffinement de son linge de table, de son argenterie et de ses cristaux. Mais on ne pénétrait pas plus avant, pour autant, dans son univers privé. En quelque circonstance que ce fût, même dans les moments où il se détendait le plus, où il semblait le plus affectueux, le plus simple, où il s'abandonnait à des séries de calembours faciles et de coq-à-l'âne inspirés par l'Almanach Vermot, on sentait toujours qu'il tenait ses amis à distance, qu'il y avait pour eux une barrière idéale qui ne pouvait pas être franchie. J'ai rarement connu quelqu'un qui eût plus de défense, qui se refusât si obstinément à toute affection, à toute confidence. Si bien que le peu qu'on savait de lui on avait encore l'impression de l'avoir obtenu par effraction. Devant lui, on se sentait toujours un peu un intrus ou un gêneur. Mais pourquoi aussi le faisait-il ainsi irrésistiblement sentir ?

Ainsi, depuis quatre ans, rien n'avait changé pour lui. Une petite amie adorable qui venait se donner une fois par semaine et qui, ensuite, le laissait en paix, une petite amie qu'il avait choisie de niveau inférieur au sien — quoique charmante — pour mieux la dominer et qu'il méprisait assez pour négliger de l'épouser bien qu'elle parût en extase devant lui et fermement décidée à ne vivre, à ne respirer que pour assurer son bonheur si permission lui en était donnée. Un chien qui lui était aussi complètement asservi, auquel il pouvait parler aussi longtemps qu'il voulait sans avoir peur d'être jamais contredit. Une maison confortable où, retranché derrière les toiles qu'il avait choisies, les livres innombrables qu'il avait accumulés, bien à l'abri des vicissitudes de l'époque, il pouvait se permettre d'injurier égoïstement ceux qui avaient tout perdu et qui, sans préjudice des quatre années de geôle qu'ils avaient subies, n'avaient plus ni maison, ni souvenir, ni bibliothèque. Oh ! certes, il était bien venu à R[ené] L[ascaud] d'accabler injustement ceux à qui tout avait été retiré. S[onia] était, elle aussi, bouleversée par le ton odieux qu'il avait pris. Elle comprenait mon désarroi. Elle savait que je ne cherchais même plus à me défendre, qu'il ne m'importait plus de faire bonne figure devant mon interlocuteur, que je me moquais bien de ce qu'il pouvait penser de mes bredouillements, de mes abdications. Ce n'était plus moi qui étais en cause. C'était lui. J'aurais voulu pouvoir le faire taire. J'aurais voulu arrêter ses blasphèmes non point à cause des blessures qu'ils me causaient mais à cause de ce qu'ils créaient d'irréparable entre nous. Deux ou trois fois je tentai bien de montrer à R[ené] L[ascaud] la gravité de ce qu'il était en train d'accomplir, je le suppliai de réfléchir aux paroles abominables qu'il proférait. Il ne semblait même pas s'en rendre compte. Comment se serait-il arrêté ? Il ne cessait de mettre en avant son intelligence et sa lucidité comme si vraiment il avait été un aigle et qu'il eût parlé à des idiots. On aurait dit qu'il était possédé par une rage froide, intérieure, née d'on ne sait quoi, provoquée par on ne sait quelles rancœurs secrètes et... peut-être ! anciennes. Que lui avais-je donc fait ? lui était-il à ce point intolérable de savoir que j'avais acquis durant ma captivité une connaissance de la vie et des hommes qui le dépassait ? Oui, ce qui ressortait finalement de cet atroce pugilat, c'était la fureur d'une âme dominatrice et autoritaire. Comment n'avais-je pas compris cela plus tôt ? C'était cela le fond de la nature de R[ené] L[ascaud]. Aussi longtemps que je l'avais écouté, notre amitié avait pu vivre en paix. À partir du moment où il avait senti que je lui échappais, que nos mondes divergeaient, il s'était cabré.

Comme je sais combien furent dures pour lui, autrefois, les années de maladie durant lesquelles il dut rester plâtré, je ne lui en veux pas. Mais rien ne fera que les choses entre nous soient désormais ce qu'elles étaient jadis. Mon âme reste meurtrie douloureusement. Il me semble que la vie m'a un peu trahi, qu'elle ne sera jamais plus aussi belle qu'elle aurait pu être à cause de ce malentendu malheureux. Hélas ! impossible de revenir en arrière. Ce qui est fait est fait. Longuement, les odieuses accusations retentiront à mes oreilles pour me mettre en garde contre les aveuglements de l'amitié.

Toutefois, je ne peux pas dire que ce voyage à Paris ait été sans grandes consolations. Je n'ai pas le droit de médire de l'amitié quand je sais quel appui j'ai pu trouver en celles de Jean Paulhan ou de Marcel Arland, de Jean Grenier ou de Henri Cartier, de Jean-Paul Sartre ou d'Albert Camus. Avec chacun d'eux, soit chez eux, soit au restaurant, j'ai pu avoir de longs entretiens du genre de ceux que j'avais déjà eus avec Marcel Arland en décembre et au cours desquels posant certaines questions à l'un, certaines questions à l'autre, faisant part à un troisième ou à un quatrième de certains cas de conscience, j'ai pu enfin faire le point. À tous, je m'excuse d'avoir beaucoup parlé de moi. Mais c'était nécessaire. La longue retraite forcée que j'avais effectuée depuis quatre ans m'avait permis de remettre en question bien des problèmes. Il fallait que je sache si les buts auxquels j'étais parvenu étaient bons. N'avais-je pas fait fausse route ? Eux seuls pouvaient me dire si mes déterminations valaient que je m'y entête. De leurs réponses, de leurs commentaires allaient dépendre tous les gestes à venir de ma vie, tous les livres que j'allais ou n'allais pas écrire.

Maintenant, je sais. Je n'ai plus qu'à aller de l'avant. Je rentre dans ma coquille pour n'en plus sortir de longtemps. Je ne songe plus qu'à une chose : me mettre au travail et pouvoir me concentrer assez puissamment pour créer enfin les œuvres que je sens en moi. S[onia] m'y aidera. Elle seule m'est nécessaire. Elle seule suffira à maintenir autour de moi le climat qui m'est favorable. Je n'ai plus besoin de contacts. Je ne suis pas un homme de dialogue mais de monologue. Les conversations quotidiennes m'épuisent, me dispersent et me liquéfient. Ce qu'il me faut c'est une confrontation muette et tranquille avec la nature, c'est la quiétude d'une vie où tous les soucis matériels auront été écartés par la ferveur toujours vigilante de S[onia]. Tout le reste est vain. Tout le reste est bavardage. Les instants que j'ai passés avec mes amis de Bordeaux m'ont révélé l'inutilité de ces échanges où chacun ne fait que se répéter, où chacun ne songe qu'à présenter, dans les meilleures conditions possibles, son petit numéro habituel. Je ne recherche qu'une toujours plus grande possibilité de méditation. Je suis loin de me prendre pour le centre du monde comme j'ai pu incidemment en donner l'impression en cherchant à m'analyser à fond devant autrui. Je désirais seulement trouver ma vérité, celle qui me permettrait d'aller de l'avant sans atermoiements. Grâce aux consultations que j'ai eues, je crois que je suis parvenu à mes fins. Même de ces consultations, maintenant, je sens que je n'ai plus besoin. Je n'importunerai plus personne désormais. Mes conseillers m'ont donné tous les encouragements que je désirais. Il n'y a plus une seule minute à perdre. Je dois m'empoigner au plus tôt avec mon œuvre. Elle seule répondra pour moi. Elle sera ce que je l'aurai faite. Mais je serai aussi ce qu'elle m'aura fait. Je n'ai qu'à être moi-même, qu'à serrer de plus en plus près, de plus en plus sincèrement ma vérité. Je ne dois pas hésiter à poursuivre cet examen de plus en plus fouillé, de plus en plus impitoyable et cruel de mon âme. Peut-être en ai-je maintenant pour dix ans à tirer mon métal de toute cette gangue de mes manuscrits. Mais qu'importe ? Il n'y a plus que cela qui compte. Et je me promets bien de ne plus rien laisser paraître qui ne corresponde profondément à l'exigence de mon esthétique et de ma pensée.

Périgueux le 6 avril 1944

Maintenant que tout cela est dit, je me sens plus à l'aise pour reprendre ce voyage à Paris par le détail.

Poussés par une sorte de curiosité, nous voulions S[onia] et moi nous faire une idée de ce Paris depuis quatre ans submergé par la Barbarie. Que restait-il de son charme passé, de son mouvement, de son éclat, de son luxe, de ses spectacles, de ses nuits ? Durant les premiers jours nous sommes donc beaucoup sortis, à toutes les heures possibles, dans tous les quartiers, en quête des endroits les plus particuliers. Mais nous n'avons pas tardé à être blasés. Que de médiocrité, que de laideur partout ! Les théâtres et les cinémas, à une ou deux exceptions près, sont d'un niveau sordide. Toutes ces pièces, tous ces films sont creux et mauvais. Autrefois, personne ne se serait dérangé pour les voir. Que dis-je ? Aucun directeur de salle n'aurait accepté de les monter, de les visionner. Il aurait fait faillite. Mais aujourd'hui que nous vivons sous le signe de la Sottise, on se demande quelles abjections ce public abêti n'irait pas voir, on se demande quels navets on ne pourrait pas lui faire avaler, on se demande quelle ineptie aurait le pouvoir de le faire s'indigner. La veulerie, la faculté d'acceptation au pire de ce public est inouïe. Ce qu'il lui faut, semble-t-il, c'est que le rideau se lève et que des acteurs parlent, c'est que la salle s'obscurcisse et que des images se mettent à danser sur l'écran, n'importe quelles paroles, n'importe quelles images pourvu que du bruit emplisse leurs oreilles, pourvu que des images aveuglent leurs yeux. On est confondu par une telle abdication. Que cache-t-elle ? Les gens ont-ils perdu tout sens critique ? Ou fuient-ils honteusement la voix d'une conscience plus exigeante ?

Allons, la Barbarie peut être contente d'elle. Elle a réussi tous ses plans. De quelque façon que ce soit, l'Art est mutilé, le goût corrompu. La Barbarie s'étale partout. Il n'y a plus de place, en ce moment, pour les valeurs qui assuraient le prestige de la Civilisation. Dans les rues, dans les vitrines des magasins même ou dans les maisons les plus réputées autrefois pour leur raffinement et leur tenue, il semble qu'une suie verdâtre s'est étendue. Paris n'est plus Paris. Et le plus terrible, peut-être, c'est que les gens qui s'y agitent encore ne semblent pas du tout conscients de cette triste métamorphose. Pour notre part, nous étions fort désireux, S[onia] et moi, au bout de quelques jours, de repartir. Il est déjà assez pénible de voir les villes, les villages, les campagnes et les rivages de la France pourris par la Barbarie, mais voir ainsi Paris, non ! C'est trop !

Il suffit cependant d'approcher certains de ceux que nous plaçons le plus haut pour savoir que les valeurs ne sont pas mortes mais seulement et momentanément étouffées. L'Art renaîtra, et Paris. Il suffit d'un peu de patience encore.

Arrivés le 8 mars, nous déjeunâmes le lundi 13 chez Germaine et Jean Paulhan que nous avions déjà vus à la Revue le vendredi 10. Cette fois nous étions seuls à table. Madame Paulhan mère — qui devait mourir le samedi suivant — avait gardé la chambre. Paulhan, si apparemment déprimé en décembre, semblait extraordinairement en forme. Il fut plus courtois et plus aimable qu'il ne l'avait jamais été. Plus simple aussi et sans laisser transparaître dans ses propos la moindre trace d'ironie. Germaine Paulhan toujours admirable d'humanité et de maternité. La façon dont elle parla de *Quand vient* m'émut jusqu'aux larmes. Elle s'effrayait des corrections que je voulais y faire. Il lui semblait que le livre lui appartenait un peu. Elle l'a lu trois fois. Elle en a corrigé les épreuves. Elle l'a et elle continue à beaucoup l'aimer. Par contre, elle se montra très curieuse de lire *Après la fin* que Jean Paulhan, comme moi, d'après ce que je lui en ai dit, ne juge pas désirable. Je me doute bien que ce texte ne lui plaira pas. À moi non plus il ne plaît guère. C'est pourquoi je suis décidé à faire ce qu'il me conseillera. S'il pense qu'il vaut mieux ne pas le publier j'y renoncerai. Je tiens tout de même à ce qu'il le lise. Nous parlâmes ensuite de mes fictions en cours. Il n'aime pas beaucoup le titre général « *Sur les traces de soi* »[23]. Il estime qu'il ne faut pas trop dévoiler ses mobiles, mais qu'il convient de s'entourer d'un peu d'ombre. Le lecteur doit avoir quelque chose à deviner. Il ne faut pas livrer ses secrets. En revanche il pense que je dois, pour la première fiction, garder le titre de *l'Apprenti*. Bien que cela puisse parfois faire penser à *l'Apprentissage de Wilhelm Meister*. Il va même jusqu'à considérer que, si la censure levait son interdiction, *l'Apprenti* serait publiable tel quel. Il continue à en être satisfait à l'inverse de Camus qui, après l'avoir lu, m'a fait de très justes critiques, à l'inverse de moi-même qui ne songe qu'à le refaire. Jean Paulhan se montra ensuite fort curieux de connaître le sujet des *Poulpes*, de *Parmi tant d'autres feux*, de *Je est un autre*, de *Que de soi la contrainte*[24]. Je ne lui donnai pas le canevas — pour moi sans intérêt — mais l'idée maîtresse qui anime chacun d'eux. Il m'encouragea dans la voie que je m'étais tracée. Il parut passionné — sa femme aussi — par l'idée que j'avais d'une vaste entreprise comme celle-ci, l'affabulation étant évidemment indispensable — même

23. Le titre du cycle romanesque de Raymond Guérin (*L'Apprenti*, *Parmi tant d'autres feux* et *Les Poulpes*) deviendra « Ébauche d'une mythologie de la réalité ».

24. Ces deux derniers titres, qui seront annoncés sur ses romans comme « en préparation » sous les titres de *Il s'agit d'un autre* et *Où l'auteur s'explique*, ne seront jamais écrits.

si je reste fidèle aux faits — puisque je suis appelé à y engager d'autres êtres que moi. Il insista surtout pour que je ne me laisse pas paralyser par les modes ou les théories. Seule devait compter pour moi la création. Cependant il me conseilla de faire plutôt un écrivain qu'un peintre, de mon héros.

Il arrive à Jean Paulhan de me reprocher gentiment de faire de moi le centre du monde. Mais comment parler d'autre chose que de moi en sa présence? D'abord, il se dérobe habilement — chose que je ne sais pas faire — dès que je tente de parler de lui (tout ce que je pus réussir à lui arracher, comme je l'entretenais de sa *Clef de la Poésie*, c'était qu'il avait dû renoncer à l'anonymat et que le livre paraîtrait sous son nom, les notes qu'il avait ajoutées en corrigeant les épreuves — et qui sont devenues plus importantes que le texte lui-même — l'engageant personnellement). Puis il a une façon si pressante de poser ses questions que je ne sais pas y résister. Il me semble que j'ai toujours besoin à ses yeux de me justifier de quelque chose. Je préférerais bien que tout soit clair en moi, une fois pour toutes et que je n'aie plus qu'à aller de l'avant sans atermoiements. Mais peut-être y arrivé-je enfin...

Comme nous le quittions, il eut la gentillesse de nous prêter, à S[onia] et à moi, les deux derniers tomes (19 et 20) des *Hommes de Bonne Volonté* de J. Romains parus à New York et de nous offrir le *Feu de Joie* où se trouvent, publiés dès 1920 au Sans Pareil, avec un dessin de Picasso, les premiers vers d'Aragon dont nous venions de parler, justement. J'admire cette délicatesse exquise, cette fleur précieuse de l'amitié un peu condescendante et affectueuse à la fois, avec lesquelles Jean Paulhan a l'art de recevoir et d'obliger. Comment ne pas se sentir intimidé par une grâce si discrète, par ces manières si civilisées, par cette aisance souveraine ?

Le lendemain mardi 14 mars, nous déjeunâmes avec Marcel Arland, au même petit restaurant de la rue de Grenelle qu'en décembre, mais comme nous y convînmes d'aller passer le samedi et le dimanche suivants chez lui, à Brinville, en Seine-et-Marne, je remets à ces dates le résumé de nos divers entretiens.

Le mercredi 15 mars, c'était avec Albert Camus que nous avions rendez-vous pour déjeuner. Camus commença par confirmer ses critiques touchant *l'Apprenti*. Je pris alors le parti de lui confier mes projets concernant les différentes fictions que j'ai en tête. Il put lui apparaître alors que *l'Apprenti* n'était pas un tout, comme il l'avait cru tout d'abord, mais seulement le premier volet d'un vaste ensemble. Il reconnut que, de ce fait, la plupart de ses critiques tombaient. Mais moi, je n'en restai pas moins décidé à reprendre cet *Apprenti* du tout au tout.

Je fis ensuite part à Albert Camus des gênes que me causait l'impossibilité dans laquelle j'ai été jusqu'ici d'ordonner mon œuvre en système, d'analyser ou de faire la Théorie de mes conceptions romanesques. Je souffre en effet d'un certain complexe d'infériorité devant Sartre ou Camus — que je n'ai pas devant les plus grands romanciers vivants ou morts (à l'exception peut-être de Joyce et de Kafka) — parce qu'ils ont su construire leur œuvre selon une esthétique et une pensée bien déterminées. Que je ne sois pas capable d'écrire *L'Être et le Néant* ou *Le Mythe de Sisyphe*, je ne dois en accuser que mon inculture philosophique. Mais que j'aie été incapable jusqu'ici de transcender, dans mes confessions ou mes fictions, une conception du monde dominée par quelque chose comme les phénomènes de l'existence ou l'absurde, c'est en cela que je me sens inférieur.

Albert Camus a vraiment un grand esprit de charité. Il a poussé la complaisance jusqu'à affirmer que j'avais tort de buter contre ces ouvrages qui ne sont en somme qu'un froid exposé en termes techniques et que ce qui importait ce n'était pas ces comprimés inhumains et indigestes d'une thèse donnée, mais leur véritable mise en œuvre, mais les créations authentiques qui pourraient en sortir même si les auteurs de ces créations réussies n'avaient seulement pas eu conscience des problèmes qu'ils résolvaient. Croyez-vous que dans un siècle on tiendra compte des théoriciens des mouvements nouveaux du Roman, me disait-il ? On ne se souviendra plus que des chefs-d'œuvre qui seront sortis de ces creusets. Par conséquent, ne vous inquiétez pas de la mise en termes techniques de ces mouvements. L'important, pour vous, c'est que vous vous consacriez au monde qui vous habite. Il en sortira peut-être des œuvres valables et durables. Tandis que nos systèmes philosophiques seront comme du bois mort si nous n'avons pas su les rendre vivants dans une création concrète.

Tout cela, certes! était fort encourageant pour moi. Albert Camus est un garçon plein d'indulgence. Je lui suis très reconnaissant de vouloir me prouver que j'ai les mêmes chances de réussite que lui sur le plan de la création. Qu'il me permette cependant d'en douter. Cependant, tout ce qu'il m'a dit sur ce plan m'a fait du bien et m'incite à me mettre sérieusement au travail. J'eusse aimé être de ces écrivains faciles qui sont géniaux avec le sourire et qui réussissent tout ce qu'ils touchent. Je ne suis pas assez intelligent pour cela. Je crois que je suis condamné à n'écrire jamais que péniblement, à ne travailler qu'avec beaucoup de difficultés, à n'enfanter que dans la douleur. Mais qu'importe? Seul le résultat doit compter en effet. D'ailleurs, je sais maintenant où je dois piocher. Les coups d'éclairage d'un Camus ont plus fait en deux heures que dix ans de recherches aveugles et solitaires.

Je le compris d'autant mieux que le surlendemain, déjeunant avec Jean-Paul Sartre chez Lipp, celui-ci devait me confirmer point par point le raisonnement et les conseils de Camus. Lui non plus prétend n'attacher aucune valeur et aucune importance à ses pavés philosophiques. Pour lui, la Création esthétique seule compte. S[onia] fut enchantée pour moi de cette nouvelle conversation. Quelle intelligence chez J. P. Sartre, quelle courtoisie, quelle facilité à se mettre à votre portée ! S[onia], si intimidée devant Paulhan ou Arland se sentait devant Sartre parfaitement à son aise. Au lieu de se taire obstinément comme elle fait chaque fois qu'elle souffre de cette supériorité d'autrui, elle osa parler et de la façon la plus agréable.

Jean-Paul Sartre avait fait la plus mauvaise impression à S[onia] quand nous l'avions rencontré pour la première fois en 1936. Il est toujours aussi sale, aussi négligé, aussi petit et aussi laid avec ses cheveux filasses et sa taie sur l'œil, mais dès qu'il parle on oublie tout cela. Non seulement parce que tout ce qu'il dit est toujours suprêmement humain et intelligent mais parce qu'il a une très belle voix grave, aux inflexions caressantes. On est aussitôt sous le charme. Quel ami précieux et fraternel ! Nous avons bavardé pendant plusieurs heures avec la plus cordiale simplicité. D'abord de nos captivités. Jean-Paul Sartre a été prisonnier pendant quelques mois. Il nous a raconté comment il avait pu rentrer. Nous avons aussi parlé de ses activités actuelles : des *Mouches*, de ses ouvrages philosophiques, de son gros roman en préparation : *L'âge de Raison* et de sa prochaine pièce. J'aime la familiarité naturelle avec laquelle il en parle. Sans aucune espèce de fausse modestie. Et d'ailleurs sans méchanceté pour autrui. Avec au contraire un sens très courtois des valeurs ou des personnalités qui l'entourent. Aménité parfaite de son comportement, se faisant aussi peu prier pour parler de lui qu'il excelle à écouter.

Avec lui j'ai eu l'occasion de reprendre ce thème de mes inquiétudes créatrices qui avait fait l'objet de notre entretien avec Camus. Comme Camus, Sartre a tenu à dissiper mes doutes. Lui aussi attache plus de prix à la création proprement dite qu'au jargon philosophique qui sert à la mettre en système. Il a été particulièrement satisfait d'apprendre que moi aussi je me plongeais dans un énorme roman de plusieurs milliers de pages. *L'âge de Raison* doit être une œuvre de très grosses proportions également. Comme Camus tente la même aventure dans *La Peste*, comme Etiemble, si je me souviens bien, avait de grands projets similaires concernant une œuvre qui devait s'intituler *Les Créateurs*, il y a bien là, chez nous tous, une unité d'action, voire les mêmes préoccupations esthétiques.

Le samedi 18 et le dimanche 19 mars nous allâmes à Brinville en Seine-et-Marne chez les Arland. Accueil exquis. À trois kilomètres de la gare on trouve enfouie, derrière de hauts murs, au sein d'un petit village endormi leur propriété. C'est un petit parc ombragé de forts beaux arbres au milieu duquel s'élève une longue, étroite et élégante bâtisse blanche non surélevée, mais à deux étages et de justes proportions. Il n'y a qu'une pièce dans l'épaisseur de la construction ce qui fait que chaque pièce est largement percée d'ouvertures sur deux côtés et même sur trois pour les pièces d'angle, sauf dans les étages cependant où un couloir court le long d'une des façades et permet de pénétrer dans chacune des chambres sans passer par l'une d'elles. Au rez-de-chaussée, une vaste cuisine où vivent les Arland qui ne peuvent trouver de domesticité et qui ne peuvent non plus allumer leur chauffage central. Oh ! Civilisation ! Une salle à manger, un salon, un hall d'entrée où s'amorce l'escalier, enfin, en angle le cabinet de travail de Marcel Arland. Au premier — où l'on peut également accéder par un petit escalier de service dérobé qui part de la cuisine — on trouve successivement, en angle, la chambre de Marcel Arland où celui-ci a momentanément transporté son cabinet de travail, avec une salle de bains, puis la chambre de Madame Arland, puis celle de leur fille Dominique qui aboutit au palier. De l'autre côté du palier, une grande chambre d'amis avec salle de bains. C'est là que nous avons couché. Il y faisait froid car on n'y fait pas de feu comme dans les autres chambres qui ont chacune un Mirus. Mais on ne grelotte que pour se déshabiller ou s'habiller. Une fois au lit, et bien couverts, nous avons été très bien.

Aux murs, partout, de très beaux Rouault, des Chagall, des Utrillo, des Dufy, des dessins de Matisse et de Picasso, des Lhote, des Friesz et de chantants Pignon, voire un

Campigli. Les livres de Marcel Arland sont hélas ! dispersés dans plusieurs pièces ce qui leur assure un désordre obligatoire mais non sans fantaisie.

Le samedi, après avoir aidé les Arland à soigner leurs poules et leurs lapins et pendant que Madame Arland et Sonia bavardaient, nous nous sommes enfermés Marcel Arland et moi dans sa chambre-cabinet de travail. Nous avons fumé cigarettes sur cigarettes. Lui des roulées à la main, moi des toutes cousues. Le petit Mirus chauffait admirablement. Il faisait tiède et doux. On était bien. Nous parlâmes d'abord de ce que j'avais remis à Marcel Arland le mardi précédent quand nous avions déjeuné ensemble : a) l'exemplaire de *Quand vient la fin*, portant les corrections auxquelles je travaillais depuis trois mois et que Marcel Arland juge judicieuses et même excellentes ; b) l'appendice d'*Après la fin*, qu'à mon étonnement il juge très bon, très utile, très révélateur et qu'il me conseille fortement de publier. Nous discutâmes seulement pour décider s'il valait mieux l'éditer en une plaquette séparée ou l'ajouter à la fin de la réédition du livre. Nous adoptâmes cette dernière solution ; c) le texte que Marcel Arland m'avait demandé pour la collection de luxe qu'il dirige aux Éditions du Pavois. J'étais un peu anxieux. Comment Marcel Arland allait-il juger la pérégrination mentale de Patrick Beaurepaire extraite des *Poulpes* sous le titre de *Sans Augure* ? Je n'avais encore jamais rien écrit ainsi. C'était pour moi un renouvellement total de mon expression, une prise sur le monde toute nouvelle. Eh bien, Marcel Arland trouva cela bon et l'accepta[25]. Oh ! certes, ce n'est pas du tout dans sa ligne, ce n'est pas du tout écrit selon son propre rythme, c'est au contraire tout ce qu'il y a de plus éloigné de lui. Il ne pouvait donc *l'aimer*. Mais il en reconnut la qualité et l'intérêt. C'était pour moi le principal.

Ensuite nous revînmes sur notre conversation du mardi précédent qui avait été sur le même plan que celles qui avaient suivi avec Paulhan, Camus ou Sartre. Une fois de plus, comme ceux-ci, Arland tint à m'assurer fermement dans ma ligne. Je me devais d'être toujours plus sincère, de serrer toujours plus près les faits. C'était là qu'était ma vérité sans nul doute. Dans l'expression violente et nue de la vie réelle. Dans une toujours plus implacable captation du concret, dans l'audace des aveux les plus intolérables. Je me sentais enfin affermi dans ma position. J'étais profondément heureux. Qu'il ne parle pas davantage. C'était désormais inutile. Je savais ! Il ne me tardait plus que de rentrer dans l'ombre, que de me réfugier dans ma retraite et que de m'y mettre au travail. Tous mes doutes s'étaient évanouis. Tous, ils me confirmaient dans ma propre intuition créatrice. Je n'avais plus qu'à me mettre à l'œuvre d'arrache-pied. Rien ne me détournerait plus de mon but parce qu'enfin il m'était dévoilé. C'en

25. Cette nouvelle n'a jamais été publiée.

était fini d'avancer à l'aveuglette. Je connaissais mes moyens et mes limites. Je savais ce que je devais faire. La place était nette devant moi, la route libre. Je n'avais plus besoin de conseils. Mon œuvre vaudrait ce qu'elle vaudrait, bonne ou mauvaise, cela n'avait pas d'importance, mais elle serait ce qu'il fallait qu'elle soit.

Mais ce n'était que trop parler de moi. Quels étaient les actuels projets de mon ami ? Il m'entretint alors des deux livres d'essais critiques qu'il allait faire paraître et dont j'apercevais d'ailleurs les épreuves sur son bureau. Enfin il me montra les épreuves d'un nouveau récit qui va paraître chez Gallimard : *Zélie dans le désert*. Le mardi précédent il nous en avait remis le manuscrit, et Sonia et moi l'avions lu à l'hôtel. Il voulut savoir ce que j'en pensais. Ce n'est pas dans son œuvre une des pièces maîtresses. C'est parfait de ton, d'équilibre et de résonances musicales. Personne n'a cette pureté dans la littérature française contemporaine. Depuis Pouchkine, depuis les grands nouvellistes russes on n'a rien vu d'aussi délicat, d'un tremblement aussi mélancolique. Cependant, ce récit me parut un peu gratuit et sans ces prolongements intérieurs qui font le pathétique sublime de *Maternité*, d'*Antarès* ou de *Fiançailles*. Marcel Arland sourit. Il était de mon avis. Il m'avouait que ce qu'il avait cherché là ce n'était pas surtout la matière mais la perfection de son rythme. Il me fit découvrir les correspondances mélodiques qu'il avait ménagées dans son récit et je fus émerveillé de la minutie, de la subtilité d'un tel ciselage. C'est là en effet un travail raffiné qui échappera à la plupart de ses lecteurs mais qui crée, à l'insu même du lecteur, cette sensation de plénitude et de perfection qui fait le chef-d'œuvre et pourquoi il se distingue.

Poussant plus loin mon jugement Marcel Arland voulut que nous corrigions ensemble ses épreuves. J'étais terriblement ému de ce grandiose honneur qu'il me faisait. Il me montrait des mots dont il n'était pas sûr, des phrases ou des bouts de phrases dont il n'était pas encore satisfait ou dont la présence lui semblait peut-être fâcheuse pour l'unité qu'il recherchait. Je lui fis en effet supprimer certaines confidences qui surchargeaient le récit inutilement, les faits eux-mêmes suggérant suffisamment à mon sens la pensée qu'il avait voulue exprimer. Je lui fis également barrer un certain nombre de *Et*, de *car*, de liaisons explicatives qui risquaient d'alourdir et de marquer un piétinement qui, dans un tel récit, moins qu'ailleurs encore, serait recommandable. Ce fut en même temps un travail fort instructif pour moi. Nous y étions encore à neuf heures du soir ne pensant plus du tout à l'heure du dîner, réalité à laquelle cependant nos femmes finirent par venir nous rappeler.

Le lendemain matin, grasse matinée. Nous laissâmes notre ami travailler. Je profitai de ma liberté pour feuilleter quelques-uns de ses livres. Après le déjeuner nous nous installâmes au soleil dans le jardin, abrités du vent par un rideau de grands chênes encore décharnés. Madame Arland toujours vêtue du pantalon de flanelle grise des stars d'Hollywood et d'une chemisette claire s'était étendue sur l'herbe sèche. Sonia était dans un transatlantique, moi sur une chaise et Marcel Arland enfin sur le banc lisant des manuscrits qui lui avaient été soumis mais qui le passionnèrent si peu qu'il finit par s'assoupir tranquillement. Je le regardai. Vêtu de gros souliers de daim, de bas de laine, d'un knicker, d'un blouson pisseux et d'un vieux chapeau original acheté autrefois dans le sud de l'Espagne, il m'apparaissait sous un jour nouveau. Autant sa femme, comme nous, aime le soleil et la mer, autant il redoute l'un et préfère à l'autre les vallons et les forêts ou les sources. Dès qu'il sent le soleil sur son crâne, il est incommodé. Il n'aime que l'ombre, que la fraîcheur. Depuis quelques années il semble avoir sérieusement grossi. Son teint s'est couperosé. Il a vieilli, c'est certain. Son visage même est parfois assez dur. Mais quand il sourit, il y a une ironie si pleine de tendresse et de pudeur dans son sourire qu'on se sent aussitôt réchauffé.

Le soir, les Arland nous raccompagnèrent vers la gare le long de la petite route tranquille qui sinuait à travers la campagne. Une fois de plus, Marcel Arland se montra d'une délicatesse exquise. Craignant que je ne sois gêné, il m'offrit à nouveau de me prêter de l'argent ce que je n'avais aucune raison d'accepter. Mais comment ne pas être du moins sensible à une amitié non point faite de mots mais vraiment manifeste ? Nous nous quittâmes à un détour de la route, au crépuscule, satisfaits les uns des autres si j'en crois l'éclat ému des visages. Mais quand nous reverrons-nous ? Sans doute plus avant que la guerre ne soit finie. Mais que se passera-t-il d'ici là ?

Le mercredi enfin, nous allâmes passer la journée à Fontenay-aux-Roses chez Jean Grenier. Nous revîmes sa femme que nous n'avions pas revue depuis Sienne et Sisteron. Toujours la même, toujours aussi effacée et aussi simple. Nous fîmes la connaissance de leurs enfants dont Mireille Bénisti nous avait beaucoup parlé du temps où elle habitait Alger comme les Grenier.

Étrange villa que celle où ils vivent maintenant à Fontenay ! Surtout, étrange installation ! Un vrai campement de nomades, sans aucun goût. Rien aux murs. Deux tristes casiers à livres cachés par d'affreuses tentures de coton. Des tables sur lesquelles règne un grand désordre permanent. Des sièges lépreux, usés. Il est vrai que les Grenier ont dû laisser tout leur mobilier à Alger où il est bloqué par les événements, mais quand même ! Quelle différence avec l'installation des Paulhan et des Arland !

Cependant, le repas, si simple que fût sa conception, fut excellent (des hors-d'œuvre, un bouilli somptueux avec tous les légumes du pot-au-feu, etc...). Mais pourquoi les Grenier, parents comme enfants, ont-ils les mains si sales ? De vraies mains de charbonniers ! Je me demande comment on fait pour se mettre les mains dans un tel état ? Je n'avais jamais vu ça ailleurs. Est-ce la philosophie qui conduit à un tel détachement des soins corporels ?

Avec Jean Grenier, nous parlâmes surtout de *l'Apprenti*, qu'il venait justement de lire. Ses critiques me parurent d'autant plus judicieuses que c'étaient celles que je m'étais déjà faites. *L'Apprenti* doit être réécrit. Il y a dans le livre une volonté fâcheuse d'idéalisation qui n'est pas dans ma ligne et qui sonne faux par conséquent. Le héros ne doit pas trouver sa vérité d'un seul coup. Il doit faire des rechutes. Les personnages de l'Hôtel doivent être mis davantage en valeur. Pourquoi l'Oncle Louis ne serait-il pas lui-même un membre du personnel, un collègue du héros ? La fin est ou trop longue ou pas assez étoffée. Et ceci qui me paraît capital : Jean Grenier pense que je ne suis pas l'homme des œuvres courtes, épurées. On n'entre pas dans mes livres en dix lignes comme dans *l'Étranger* de Camus, mais lentement, petit à petit, après un grand nombre de pages. On n'est pas empoigné dès la première ligne. Ce n'est qu'ensuite qu'on subit mon atmosphère. Jean Grenier voit en moi un romancier d'atmosphère et de ce fait il estime que je ne dois pas hésiter à *faire long, très long*. Cela allait bien dans mon sens. Il n'y a qu'à savoir quels buts je poursuis actuellement avec ces fictions que j'ai en tête pour en être persuadé.

Au retour de Fontenay nous n'avions plus que quelques heures à passer à Paris. C'était notre dernière soirée. Nous fîmes une courte apparition à la N.R.F. qui était toute sens dessus dessous parce que la voiture de la Radio venait d'y interviewer Marius Grout le dernier lauréat du Goncourt. Nous aperçûmes ce dernier à travers les glaces de la conduite intérieure répondant aux questions qui lui étaient posées devant un cadran garni d'appareils mystérieux. Nous trouvâmes Claude Gallimard affairé, Gaston Gallimard fuyant les journalistes avec la coquetterie d'une jolie femme traquée par des soupirants dont la flamme tout de même n'est pas sans la flatter mais dissimulant ces sentiments sous une mauvaise humeur agacée. Dans le bureau de Camus nous revîmes J. Lemarchand et Brice Parain. Nous y fîmes la connaissance de Michel Leiris que je voulais connaître depuis longtemps. Jean Paulhan et Jean-Paul Sartre m'avaient dit tous les deux qu'il était de ma famille et que pour beaucoup de raisons nous devrions nous entendre. J'avais moi-même été captivé par *L'âge d'homme* et par *Haut-Mal*. Mais, poussé par un de ces mouvements stupides qui me desservent hélas! si souvent, je ne pus m'empêcher de raconter tout cela à Leiris qui sous cette avalanche de déclarations incongrues a dû me juger bien bête. Par ailleurs j'étais un peu déçu de trouver devant moi un petit homme maigre et raide, bien habillé et couperosé, très anglais par sa froideur et même son arrogance. Ce personnage ne correspondait pas du tout à celui que je m'en étais fait à travers ses livres. Enfin, nous verrons plus tard. Nous verrons, si au cours d'une nouvelle rencontre, nous avons de meilleures chances de nous joindre. Pendant ce temps Claude Gallimard m'avait préparé les Faulkner, les Steinbeck, les Hemingway et les Caldwell que je lui avais demandés. Il y joignit le *Dedalus* de Joyce et *Les Voyageurs de l'Impériale* d'Aragon, ainsi que *Pilote de Guerre* de St Exupéry. Puis nous eûmes l'occasion de reparler de Louis Emié. Albert Camus se mit à sourire et, sarcastique, il me demanda pourquoi je m'intéressais tant à Louis Emié. « Mais cela ne vaut rien » dit-il du même ton que quelques minutes avant il avait éreinté ce pauvre Grout. En effet comme nous étions d'accord pour accabler la médiocrité du *Passage de l'Homme* (avec lequel il vient justement d'obtenir le Goncourt — on dirait que celui-ci se plaît à se discréditer) nous avancions que le premier de ses livres au moins (*Musique d'Avent*) avait témoigné de promesses. « Mais quel est ce slogan qui court tout Paris ? » ajouta Camus. « Voyons, il n'y a pas de question. Quelle importance attacher à Grout ? Il ne compte pas ! » Je cite ces deux jugements de Camus — énoncés d'ailleurs sans méchanceté, je crois — pour montrer qu'il existe chez certains écrivains un sens inné de la valeur. Peut-être leur serait-il difficile d'analyser et de justifier leur jugement. Pourtant, c'est un fait, ils ne se trompent pas. Ils tombent juste dans leurs admirations comme dans leurs mépris. Ce n'est pas, au fond, que Camus se prenne très au sérieux. J'ai rarement vu un être aussi facilement disposé à se moquer des autres, de la vie, autant que de lui-même. Je me souviens de cet après-midi de la semaine précédente où nous venions à la N.R.F. pour le voir. Comme il n'était pas arrivé nous repartions quand nous nous rencontrâmes sur la porte. Il survenait juste en compagnie de Queneau, de Michel et de Raymond Gallimard comme s'ils s'étaient donné rendez-vous sur la porte. Nous n'allions pas remonter au second étage. Nous bavardâmes debout, un moment, dans le couloir d'entrée. Puis, comme nous entrions dans le vif d'un sujet, Camus, avec une grâce acquise, non apprise, nous invita à nous asseoir sur les marches qui surélèvent l'accès au hall. Là, nous continuâmes, amusés par l'air étonné des gens qui entraient ou sortaient et qui devaient nous passer presque dessus, se demandant quels étaient ces originaux qui avaient choisi un tel endroit pour faire salon. Cependant, il n'y avait eu, je pense, aucune affectation chez Camus, rien pour « affoler le bourgeois ». C'était un très simple mépris des conventions. Et je l'appréciais d'autant plus.

En sortant de la N.R.F. nous repassâmes à l'atelier de Cartier. Il me remit la photo de Paulhan et les nôtres. Puis nous décidâmes d'aller prendre l'apéritif. Mais au Flore il y avait une telle faune que Cartier épouvanté, rebroussa chemin. Nous échouâmes à la Rhumerie Martiniquaise et nous y bûmes de fameux punchs en souvenir de Doudou dont c'était aussi un des cafés préférés. Nous y passâmes un très bon moment, en toute intimité et avec une compréhension parfaitement amicale. Nous racontâmes à Henri Cartier notre voyage du lundi et du mardi à B[ordeaux] chez R[ené] L[ascaud] et l'incident déplorable qui nous avait finalement opposés. Henri Cartier en fut navré. Mais comment n'aurait-il pas approuvé mon attitude ? Lui est dans la vie. Il ne s'est pas retranché comme R[ené] L[ascaud] dans un égoïsme bourgeois ni fermé par cela même aux réalités de l'époque. Henri Cartier est resté humain et vrai. Nous nous sentions tellement d'accord, tellement bien ensemble, que nous décidâmes de dîner, de ne pas nous quitter ainsi. Il sauta sur son vélo et alla chercher sa femme. Nous avions pris rendez-vous dans un petit restaurant de la rue Casimir Delavigne où nous avions dîné quelques jours avant (le vendredi précédent je crois) avec Pierre Béarn. Henri Cartier parti nous nous disposâmes à nous rendre au restaurant pour l'y attendre. Comme nous quittions la Rhumerie, nous tombâmes sur Louis Chéronnet[26] dont le visage sanguin s'éclaira et qui nous interpella de la sorte : « Ah ! je vois que vous connaissez les bons endroits ! » Nous reprîmes des punchs et nous bavardâmes un moment de cet ouvrage de luxe sur Paris qu'il prépare et pour lequel il avait sollicité quelques semaines plus tôt ma collaboration. Comme il habite rue de l'Odéon nous fîmes le chemin ensemble.

26. Louis Chéronnet publia de nombreux ouvrages sur la photographie et sur Paris, parmi lesquels *Paris tel qu'il fut* (1943) et *Paris imprévu* (1946).

Ce dernier dîner avec Eli et Henri Cartier fut charmant. Nous n'aurions pas pu imaginer fin plus réussie de notre voyage à Paris. Nous parlâmes beaucoup et de tout mais aussi de Nicole Cartier la jeune sœur de mon ami, qui écrit des vers. Elle a dix-neuf ans et prépare à la Sorbonne une licence de philosophie. Henri Cartier ayant connu Jean Paulhan en décembre par mon entremise, avait mené chez celui-ci, quelque temps après, (pour lui montrer sa collection de photos d'Espagne et du Mexique), sa femme Eli et sa sœur Nicole. Nicole avait aussi porté ses vers. Jean Paulhan les lut et quelques jours après écrivit à la jeune fille en lui déclarant notamment qu'elle était un vrai poète.

Avec Cartier, depuis notre arrivée, nous nous étions vus presque tous les jours à son atelier de la rue du Bac. Mais le samedi 11 mars nous avions pris l'apéritif au Flore avec Eli et Nicole et avions déjeuné dans un restaurant du boulevard St Michel où celle-ci nous avait entraînés et le jeudi 16 mars nous déjeunâmes chez eux dans un minuscule appartement de rez-de-chaussée encombré de bibelots et de fanfreluches surréalistes à force de rococo qui leur avait été prêté par la mère du metteur en scène Zwobada[27]. Là, je pus lire les vers de Nicole Cartier et les trouvai en effet fort beaux quoique cependant encore

27. André Zwobada fut, comme Henri Cartier-Bresson, l'assistant de Jean Renoir.

encombrés d'influences — ce qui est normal à cet âge — et peut-être pas assez directement inspirés de l'humain. J'essayai d'expliquer à Nicole que son talent serait d'autant plus enrichi si elle consentait à vivre. Ce qu'elle fait est en effet un peu trop en marge de la vie, un peu trop désincarné, un peu trop exsangue et intellectuel à mon sens. Henri Cartier fut enchanté de mes critiques. Il estima que j'avais tout de suite mis le doigt sur les défauts de sa sœur. Mais j'apportais à Nicole une bien meilleure nouvelle. Le lundi 13 en déjeunant chez les Paulhan, Jean Paulhan m'avait suggéré que Nicole Cartier devrait envoyer ses vers au jury du prix Paul Valéry réservé aux étudiants. Il y a dans ce jury, entre autres, Paul Valéry, Paulhan, Arland et Audisio. Je décidai Nicole à faire cet envoi et lui communiquai l'adresse que m'avait donnée Marcel Arland à cet effet. Quand nous sortîmes du petit restaurant, dans l'épaisse nuit parisienne que nos lampes électriques avaient peine à percer, nous étions attristés à l'idée de nous quitter et sachant bien, sans oser trop nous l'avouer, que nous ne nous reverrions sans doute pas de sitôt. Quels amis fraternels que les Cartier ! Allons ! si abominables que furent pour moi ces années de captivité, elles n'auront pas été vécues en vain puisqu'elles m'ont apporté l'amitié solide d'êtres comme Alain Douarinou ou Henri Cartier.

Toutefois, Sonia et moi n'étions pas fâchés de rentrer. Depuis quinze jours que nous ne cessions de voir des gens, nous étions un peu las. Tous ces entretiens bien entendu n'avaient pas eu le caractère pénible qu'avaient eu ceux avec J[acques] C[hardonne] et R[ené] L[ascaud]. C'était avec le plus grand plaisir que nous avions revu Fombeure, Pierre Béarn avec qui nous dînâmes, ou Audisio toujours charmant même si, hélas! toujours aussi sourd, que nous avions fait la connaissance d'Henri Thomas, de Claude Morgan, de Paroutaud, de Louis Chéronnet, de Marcel Bouteron. Je trouvai tout naturellement un terrain d'entente avec Chéronnet quand je sus par lui qu'il avait été prisonnier au VC[28] et qu'il était passé par le Camp de Malschbach — où j'étais alors enfermé avec les sous-officiers réfractaires — quand il avait été libéré comme ancien combattant en juin 1941. C'est vieux tout ça! Le hasard voulait d'ailleurs qu'il eût été en même temps prisonnier en France que C. C. (architecte et maintenant dominicain) que je connus ensuite fort bien au VC.

Mais je conserve surtout un agréable souvenir de la conversation que j'eus avec M. Bouteron[29] à son domicile. J'avais été le voir sur la demande d'une amie qui m'avait chargé pour lui d'une communication professionnelle. Je le trouvai dans son pyjama taillé dans une robe

28. Le stalag VC (5C) où Guérin était prisonnier.

29. Marcel Bouteron, grand spécialiste de Balzac, qui dirigeait les *Cahiers Balzaciens*.

de chambre de bure écossaise, la veste rentrée dans le pantalon, son crâne chauve recouvert d'une sorte de bonnet de laine informe. Nous sympathisâmes tout de suite quand nous vîmes que nous étions tous les deux dans la même ligne. Une grande carte du front était sur sa table. Nous commentâmes avec allégresse les derniers événements. Je dus bien entendu lui raconter ce que j'avais vu chez les Barbares. De son côté, il me mit au courant d'un certain nombre de faits patriotiques que j'ignorais. Ensuite, irrésistiblement, nous en vînmes à parler de son cher Balzac. La passion balzacienne est si forte chez Marcel Bouteron que même la guerre est vue par lui à travers Balzac. Ainsi, il suit passionnément l'avance des Russes, parce que Balzac a connu, est passé, ou a vécu dans ces villes qu'ils reprennent, de Jitomir à Korosten. C'est dans la même région que Mme Hanska avait cette propriété où Balzac fit un assez long séjour. Marcel Bouteron me montra la reproduction de lettres de Balzac datées de cet endroit, de l'indicateur de chemin de fer qui lui a servi pour faire le voyage depuis Paris, de la gare du Nord et de ses trains tels qu'ils étaient à cette époque. Ainsi, petit à petit, Marcel Bouteron me fit faire le tour de son appartement de la rue de Seine, si admirablement situé en proue sur le quai Malaquais et le quai Conti. C'était, partout un amoncellement désordonné de livres. Il y en avait partout, le long des murs, sur les sièges et les tables, sur le grand piano à queue. Oui, partout des livres, mêlés aux bibelots, aux souvenirs les plus précieux. Marcel Bouteron me montra un coffret que Madame Hanska avait offert à Balzac et où celui-ci rangeait toutes les lettres de son amie. Il me montra aussi une épée qui avait appartenu à Balzac et enfin son fameux portrait. J'en aurais bien vu davantage, si je n'avais dû écourter ma visite, mais j'avais rendez-vous chez Jean Paulhan et, de là, nous devions aller avec Sonia à Fontenay déjeuner chez Jean Grenier. J'annonçai d'ailleurs à Marcel Bouteron le décès de Madame Paulhan mère. Il me dit qu'il n'avait plus guère l'occasion de rencontrer Jean Paulhan mais il me pria de lui faire ses amitiés et de lui présenter ses condoléances. Il me chargea enfin de mille choses affectueuses pour son vieil ami René Kerdyk qui vit ici replié et à qui j'ai fait part de ces choses depuis notre retour.

Je ne raconterai pas notre voyage de retour. Je n'ai plus qu'un désir : travailler !

Raymond Guérin croit mettre un point final à son journal. Mais l'illusion ne dure que le temps d'un été. Le 20 août 1944, il le reprend pour se réjouir de la Libération, avant de très vite déchanter. La bête n'est pas morte, la Barbarie a laissé des traces. C'est l'heure des Représailles.

Dimanche 20 août 1944 [Périgueux]

Enfin ! Nous y sommes !

La chose a été si imprévue et si soudaine que j'ai peine encore à la réaliser. Se peut-il que cela ait pu se passer aussi simplement ? Se peut-il que je sois là, à ma table, écrivant tranquillement les premiers mots, depuis plus de quatre ans, écrits dans la Liberté ? Hier soir, 19 août, les Barbares ont abandonné la ville, traqués de toutes parts par ceux qui ne les voulaient pas, qui n'acceptaient pas de se soumettre à leur oppression. Les Anglo-Américains sont encore à plusieurs centaines de kilomètres et cependant, les Barbares, pris de panique, dévorés de mauvaise conscience, ont pris la fuite. Quelle volée magistrale ! Fuyant ou se livrant prisonniers ! Rien à faire, sans doute, devant la force des Alliés et l'indignation de tout un peuple révolté. Ce n'était pas la peine de juger si sévèrement les armées françaises de 1940. Les Barbares qui ont tout sacrifié — et jusqu'à leur vie, et jusqu'à leur bonheur — à l'orgueil insensé de former la meilleure armée du monde et de rester invincibles, subissent maintenant le pire châtiment qui soit pour eux.

J'écris sans suite. Un peu tremblant, tout de même. J'ai tant de choses à dire et que je contiens depuis si longtemps ! Tout voudrait sortir à la fois. Ma main ne pourra jamais aller aussi vite que ma pensée. Il y avait des mois que j'avais pratiquement suspendu ces méditations. Je me sentais gros de trop d'espoirs. Je n'étais qu'attente, qu'impatience. Pour moi, la cause du Barbare était définitivement entendue. Je n'aspirais plus qu'à l'heure de formuler mon propre réquisitoire. M'y voici !

Depuis déjà une dizaine de jours, la Résistance encerclait la ville. Et des pourparlers étaient engagés, paraît-il, entre elle et les Barbares. Cependant, hier encore, rien de visible encore. Ce n'est qu'au début de l'après-midi qu'on a appris que les Barbares faisaient leurs paquets et se préparaient à partir. Nous nous trouvions à la baignade, à Barnabé, sur les bords de l'Isle quand nous avons entendu une forte explosion. C'étaient les Barbares qui faisaient sauter leurs munitions à la caserne. Nous apprîmes ensuite que presque aussitôt après, les gens emprisonnés par eux dans ladite caserne avaient été délivrés par la Résistance. Vers huit heures et demie, comme nous dînions dans le calme, nous aperçûmes soudain, près de nous, deux hommes de la Résistance, armés. Ils avaient dû traverser l'Isle en barque. Mais d'où sortaient-ils ? Ils avaient surgi comme des diables d'une boîte. Ils nous dirent de ne pas nous affoler — mais c'était superflu — de finir de dîner paisiblement et de rentrer chez nous. Dans un moment, il pourrait y avoir du grabuge. Nous rentrâmes, un peu émus, cependant. C'était la première fois qu'on « en voyait », vraiment ! Et ça faisait un certain effet. Dans la soirée nous sûmes que les Barbares avaient effectivement quitté la ville. La Résistance avait proclamé la République — pourquoi la 4e hélas ! et non pas la 3e comme je l'aurais tellement désiré ? — à la Préfecture et mis en l'air la photo du Vieux Baveux[30]. La nuit fut agitée. Un gros orage s'était mis de la partie. Pluie, éclairs et tonnerre ne cessèrent jusqu'au matin. On entendait la Résistance défiler dans les rues en chantant. Et comme on avait l'esprit quelque peu tendu, le sommeil se montra rétif. Ce matin, grande animation dans la ville. Sans sortir, j'ai su qu'on avait arrêté des centaines d'hommes et de femmes et que ceux-ci avaient été quelque peu maltraités par la population justement indignée. Ces salauds, tous ceux qui avaient fait cause commune avec les Barbares et qui, sur le dos des opprimés, s'étaient offert quatre années de vie facile et d'avantages, n'était-il pas juste qu'ils finissent par payer ? C'eût été trop commode qu'ils s'en tirent, qu'ils jouissent de tout ce que leur valait leur trahison et, qu'au bout du compte, ils puissent encore profiter de la détente heureuse si longtemps attendue par les populations persécutées. S'ils sont réguliers avec eux-mêmes, ils doivent le reconnaître. Ils ont couru un risque. Ils ont joué une partie, et ils l'ont perdue. Tout ce qu'on peut dire — idéalisme possible mis à part — c'est qu'il fallait qu'ils soient

30. Le Maréchal Pétain.

bien bêtes pour jouer une telle partie, une partie qui était perdue d'avance, perdue avant même qu'ils la commencent de par le seul déséquilibre des forces en présence. Et devant la niaiserie de leur choix — qui n'exclut pas l'ignominie dudit choix — on ne peut avoir qu'un sourire de commisération. Ils n'étaient donc pas plus lucides ? Ils n'y voyaient donc pas plus loin que le bout de leur nez ? À la fois vils, immondes et stupides ?

Que va-t-il se passer maintenant ? Le temps est lourd, la journée laide. Une sorte de torpeur oppressante est dans l'air. Ce n'est pas encore tout à fait la liberté. Il faut encore attendre quelques jours. On voudrait vraiment être tout à fait sûr de la délivrance définitive. Le danger est-il à jamais conjuré ? Hier, cela s'est fait sans douleurs. Sans assez de douleurs, peut-être pour que les gens d'ici apprécient assez bien leur chance. Mais n'aurons-nous pas encore de pénibles journées à supporter ?

Quant à moi, je ne peux pas dire que ma joie ait été complète. Dans cette ville où je ne connais personne, sauf les V..., je me sentais comme un étranger, absolument en exil. Au point que je n'ai pu me résoudre à sortir, à aller dans le centre où l'animation et la liesse étaient, assure-t-on, extraordinaires. Parmi tous ces hommes de la Résistance, pas un seul qui fût connu de moi. Toute ma sympathie leur était acquise. Mais je ne pouvais pas leur sauter au cou comme pouvaient le faire leurs concitoyens. Cette impression de solitude m'était très pénible.

C'est à elle que j'attribue le fait que j'aie été finalement si déprimé, ce soir.

Je ne cessais de tourner ma pensée vers ceux qui sont restés dans les barbelés. Cela fait maintenant cinquante mois qu'ils attendent et qu'ils souffrent. Bien sûr, aujourd'hui, il n'y en avait que pour les jeunes de la Résistance. Et cela se conçoit. Je sais bien tous leurs mérites et tout leur cran. Je sais bien quels furent et quels sont leurs dangers et leurs épreuves. Mais n'oublie-t-on pas un peu ceux qui depuis cinquante mois sont prisonniers ? C'est avec eux, aujourd'hui, que j'aurais voulu me trouver. C'est auprès d'eux qu'était ma place. Quoi qu'en pensent certains grincheux, la captivité est tout de même une épreuve qui m'a durement marqué. Je ne peux pas arriver à me désolidariser de ceux avec lesquels j'ai vécu dans une si tragique et si ignoble intimité pendant quarante-trois mois. Je me souviens de l'appui moral qu'ils trouvaient auprès de moi, de l'emballement avec lequel ils venaient m'annoncer les dernières nouvelles, sachant bien que j'étais de ceux qui avaient repris confiance depuis octobre 40 — et nous n'étions pas nombreux alors ! peut-être un sur cent — de ceux, plus rares encore, qui, dès le début, avaient refusé le Vieux Baveux et ses cliques. Dès qu'ils étaient découragés, dégonflés, sous le coup du cafard, momentanément pessimistes à cause de la lenteur apparente de certains événements, c'était vers moi qu'ils venaient pour que je leur insuffle une ardeur nouvelle.

Et aussi, quand nous apprenions un succès, une victoire, quelle joie débordante dans nos cœurs, quels cris, quelles clameurs dans les piaules, quelles frénétiques danses du scalp ! Mais je les ai quittés depuis près de huit mois. Je ne suis plus avec eux et, bien sûr, je ne pouvais pas être avec ceux d'ici, ayant autre chose à faire qu'à me mêler de Résistance, à plat comme j'étais, ayant avant tout besoin de repos et d'ailleurs, ne connaissant personne ici capable de m'aiguiller vers ceux qui aujourd'hui, en ville recueillaient la récompense de leur action admirable.

Ah ! là-bas, dans les barbelés, s'ils peuvent un peu savoir ce qui se passe en France — et si les choses sont demeurées ce qu'elles étaient quand je suis parti, ils le savent sûrement — j'imagine leurs réactions, les embrassades, les trépignements, les grandes bourrades dans le dos. Je ne sais quelle sera la fin, pour eux. Mais je devine leur impatience, à l'heure qu'il est. Et j'ai un peu de mélancolie à l'idée que je suis si loin d'eux, que je suis coupé d'eux, sans pouvoir seulement leur communiquer l'assurance de mes sentiments fraternels. Je ne suis plus de là-bas. Et je ne suis pas d'ici, non plus. C'est pourquoi, je rentre ma joie en moi-même. Je sens que je n'ai plus qu'un devoir à accomplir. Celui de me mettre au travail pour ce terrible Réquisitoire qui fera justice de tant d'horreurs !

Lundi 21 août 1944

Toulouse aussi, est aux mains de la Résistance. Tarbes, Mauléon, les postes-frontières des Pyrénées-Orientales et des Basses-Pyrénées, Mende, Rodez, Privas, et cetera, tout le département de la Haute-Savoie et de la Corrèze. Les blindés américains fonçant vers le sud, auraient dépassé Angoulême. Quand feront-ils leur entrée ici ? Nous nous sentirions alors vraiment délivrés.

Nous avons fait notre première sortie en ville. Une animation extraordinaire. Que de gens se sont enrôlés une fois la ville libérée ! Ces engagements de dernière heure ont quelque chose d'un peu gênant. Sans doute, cela est très heureux pour la Résistance dont ces milliers de recrues supplémentaires accroissent les forces. Mais on se demande si ces engagements sont bien désintéressés. Tous ces hommes, hier encore civils et vaquant à leurs affaires, il a suffi d'une vareuse, d'un brassard, d'une mitraillette, pour qu'on ne puisse plus les distinguer de ceux qui se battent obscurément depuis des mois. Or, on comprend bien ce qui a pu se passer dans l'esprit de ces Périgourdins. Ils songent à ce qui se passera ensuite, à l'après-guerre. Décemment, ils ne peuvent rester dans leur boutique, dans leur échoppe, dans leur bureau, quand la France entière se soulève. Ils ont peur qu'on leur fasse honte, voire qu'on leur reproche plus tard leur inertie et qu'ils en soient réduits à affronter, une fois la paix revenue, les regards de réprobation muette de la population. Alors, on y va. Pour faire comme tout le monde. Et l'on n'est pas le dernier à faire du zèle. Bientôt on pourra croire que ce sont eux qui ont libéré Périgueux.

Allons, les hommes sont les hommes. Il est prouvé une fois de plus qu'ils aiment sinon l'uniforme (il s'agit là de Français), jouer au soldat. Avoir un insigne, une arme, comme, enfants, ils s'exaltaient de leur fusil de bois, d'un ruban, et les voilà métamorphosés. Jouer à la petite guerre, se donner une importance, échapper à la tutelle conjugale et familiale, se sentir enfin respectés, admirés, voir les femmes pendues à leur cou, leur jeter des fleurs, bomber le torse, se livrer à cette jouissance double qu'est pour eux à la fois obéir et commander, aller, venir, avoir de bons prétextes de ne pas rentrer dîner à l'heure, de ne pas coucher à la maison, d'être entre eux, à bavarder, à boire, à agir, sans que leurs femmes aient à y mettre le nez, c'est bien là qu'ils se retrouvent eux-mêmes. On ne peut pas dire que ce soit sympathique ou antipathique. C'est comme ça ! C'est dans leur nature. On n'y peut rien. Demain, ils rentreront tranquillement chez eux. Mais on a bien l'impression que, de temps en temps, ils ont besoin de ça.

Une satisfaction cependant. La répression est sévère. On arrête en masse. On brutalise les salauds, les salopes. Tant pis pour ceux qui depuis quatre ans ont attendu cette minute pour s'apitoyer. Pas de pitié pour les ignobles qui avaient pactisé avec les Barbares. Même si on a un mouvement de ce genre au fond de soi, il faut savoir bander son âme pour le réfréner et se souvenir de tout ce que l'on nous a fait subir. Ni Sonia ni moi n'avons fait grand-chose pour la bonne cause. Mais nous sommes heureux qu'on nous venge. Nous sommes de ceux qui avons eu particulièrement à souffrir des Barbares.[31] Nous n'oublions pas. Nous ne voulons pas oublier. Et si nous ne passons pas à l'action, c'est que nous sommes encore trop meurtris, que nous aspirons surtout au calme, au silence. Et notre vengeance, elle sera dans ces lignes.

Mardi 22 août 1944

Avant midi la nouvelle a commencé à circuler que les blindés canadiens venant du sud de la Loire avaient dépassé Angoulême et se trouvaient à Brantôme à quarante kilomètres d'ici. À deux heures ils feraient leur entrée dans Périgueux. Le déjeuner avalé en vitesse, toute la population se porte au centre. Une foule crispée par la joie, énervée, fébrile, qui attendait. Les maisons pavoisées.

31. Pendant que Raymond Guérin était prisonnier en Allemagne, Sonia Benjacob, qui n'était pas encore Sonia Guérin, tentait d'échapper aux nazis.

Pas assez de drapeaux de la Russie, cependant, à mon gré. Mais, depuis quatre ans, les Barbares leur ont fait un tel épouvantail de l'URSS ! Il fait un temps lourd, huileux, avec de grosses averses d'orage qui ne réussissent pas à doucher l'enthousiasme. Jusqu'au soir nous attendrons en vain l'arrivée des blindés canadiens. Leur présence est sûrement plus utile ailleurs. On sait que la Résistance se bat durement contre la colonne Barbare qui s'est enfuie d'ici, du côté de Mussidan. L'apparition des blindés canadiens dans ce secteur, ne fera pas mal dans le tableau. En compensation, la foule assiste au défilé des troupes innombrables de la Résistance. Défilent aussi des prisonniers Barbares, faits du côté de Saint-Astier, avec deux canons qu'on leur a pris. Acclamations pour les uns, huées pour les autres. Beaucoup d'émotion. Enfin, depuis quatre ans contenue, la bonde saute ! Les gens en ont tellement gros sur le cœur ! Et ça fait plaisir, plus plaisir que tout, de voir que la Barbarie n'a pas eu raison de leur amour de la Liberté. Dire ce qu'on a envie de dire. Faire ce qu'on a envie de faire. Aller où on a envie d'aller. Non, jamais les troupeaux des Barbares ne comprendront que c'est ça la fleur suprême d'un peuple civilisé. Le tout, dans un vacarme extraordinaire d'autos et de camions de toutes sortes. On se demande d'où sortent tous ces véhicules et où on a trouvé tant d'essence. Il a suffi du départ des Barbares pour qu'aussitôt la France retrouve son aspect de Pays de Cocagne. Mais ce bruit, oublié depuis quatre ans, c'est vrai qu'on a du mal à s'y habituer de nouveau. On a les nerfs brisés comme après une course de toros. C'est à la fois épuisant et merveilleux. Il semble qu'on retrouve l'atmosphère des arrivées d'étape du Tour de France dans une ville du midi. Avec quelque chose de plus tendu, de plus sourd, de plus simple aussi, de plus vrai. Ah ! ceux des Barbares enfin enchaînés qui auront vu ça, auront pu comprendre ce que c'est que la force d'un peuple qui ne veut pas du joug Barbare. Quelle leçon ! Quel retour sur eux-mêmes ils auront pu faire ! Ça aura dû être inoubliable, pour eux, ce défilé, entre ces haies vivantes d'hommes et de femmes qui depuis tant d'années se taisaient. Dire qu'ils avaient peut-être pris ce silence pour de l'acquiescement ! Ils voient aujourd'hui leur illusion. Ils peuvent mesurer leur ignominie, apprécier à son degré leur abominable prétention. Et le bouquet ! Leur armée ridiculisée, ratatinée, taillée en pièces par la seule volonté du peuple révolté.

Ce soir, après dîner, j'ai assisté, pour la première fois à une réunion des Prisonniers. Tiens ! on ne nous parle donc plus du Vieux Baveux ? Ni de l'ignoble Scapini ? Ni du Folliculaire Véreux[32] ? On voudrait former un groupe de résistance. Mais, bien entendu, pas aux F.T.P. Non ! À l'A.S. Allons ! il n'y a rien de changé. Neutres, disent-ils, nous voulons rester neutres. Et ils vont à l'A.S. C'est

32. Voir note 18.

toujours la même hypocrisie, le même chantage. Maintenant que les enschleusés sont battus sur un terrain, celui de la Barbarie, ils tentent d'engager un autre combat sur le terrain français. Tout ça, c'est encore de la Vieille Baverie camouflée. Mais ça ne prend pas !

Mercredi 23 août 1944

Paris s'est libéré lui-même, ce matin ! Après cinq journées de combats ! Ah ! que je voudrais être là-bas ! J'imagine d'ici la joie de Jean et de Germaine Paulhan, de Camus, de Sartre, de Cartier. Celle de Douarinou et du petit Pierrou, là-bas, en Barbarie, si comme je l'espère, ils ont pu apprendre la nouvelle. Les radios diffusant des chansons de Paris m'ont fait passer des frissons. Mais je reste impuissant à traduire mon émotion. J'ai trop à dire tout d'un coup. Il faudrait pouvoir rendre en quelques mots tout ce qui fait que, dans cette abominable guerre contre l'esprit menée par les Barbares, on se sentait tellement meurtri de savoir Paris sous la botte. L'intelligence était muselée. Les Barbares n'avaient trouvé pour les applaudir qu'un petit nombre de semi-valeurs qui se sont, par là, disqualifiées aux yeux du monde. Et l'on attendait, les meilleurs se taisant. Mais voilà que la vie recommence. L'imagination déjà anticipe. On pense à tout ce qui va être possible de nouveau. Oui, être là, pendant ces journées pathétiques, être là au moment où les premières voix vont se faire entendre, où l'esprit va se manifester enfin. Bien sûr, c'était là qu'il fallait être, et nulle part ailleurs. La souillure va s'effacer. Mais on ne répandra jamais assez d'eaux lustrales. Et ce qu'il faut stigmatiser aussi, dans un grand rire, c'est la lourdeur prétentieuse de cette force Barbare. Les imbéciles ! Ils se figuraient donc que ça allait durer ? Leurs inscriptions partout, leurs barrières, leurs barbelés, leurs guérites, leurs blockhaus ? Mais ça ne tient pas, tout ça, contre la révolte de l'esprit. Quel mal ils se sont donné en vain ! À la fois odieux et ridicules.

Jeudi 24 août 1944

Aujourd'hui c'est Marseille et Bordeaux qui voient leurs chaînes tomber. Pour Marseille, ma joie est sans ombre. Je songe à Andrée et à Sam[33] dont je ne sais plus rien. J'imagine le soupir de délivrance qu'ils ont enfin dû pousser ! Comme ce serait bon d'être avec eux en de tels instants ! Pour Bordeaux, il faut attendre des détails. Il y a eu des combats très vifs, paraît-il, en pleine ville. Mais

33. Andrée et Samuel Clerc. Samuel, dit Sam, était un ami de jeunesse de Raymond Guérin, avec lequel il avait fondé en 1928, *La Revue Libre de Bordeaux*. C'est chez eux, à Marseille, que s'était réfugiée Sonia durant l'été 42.

comment s'apitoyer beaucoup sur celle qui fut la plus collaborationniste des villes de France, celle qui se laissa le plus facilement corrompre et séduire par la Barbarie ? Dès maintenant se pose pour nous le problème de notre retour dans une ville dont nous avons tant à nous plaindre, d'une ville où tant de ceux que nous pensions nos amis nous ont trahis ou desservis, d'une ville enfin où la plupart des visages qui nous étaient familiers ont eu trop de sourires pour ces Barbares qui nous faisaient tant de mal. Ce que nous n'admettons pas, c'est qu'ils soient les premiers, aujourd'hui, à maudire le Barbare. Qu'ils aient au moins le courage de leur opinion. Nous ne leur en demandons pas plus. Qu'ils n'aient pas l'impudence de nous faire croire qu'ils étaient dans les mêmes sentiments que nous depuis le premier jour. Nous les attendrons à ce tournant. Ce que nous exigerons d'eux c'est qu'ils aient la franchise de reconnaître à quel point pendant si longtemps ils se sont laissé séduire à la fois par la Barbarie et par la Baverie vichyssoise. Il n'y a aucun fanatisme dans notre cas. Nous n'avons pas la vanité de posséder la Vérité. Mais, pour tout homme de bonne volonté et juste, la Vérité peut-elle être ailleurs que là où nous l'avons mise ?

Vendredi 25 août 1944

Les Barbares auraient rompu l'armistice qu'ils avaient conclu à Paris, avec les Forces de la Résistance. Bien sûr, cela n'aura rien changé. Et, à l'heure qu'il est nous savons qu'ils ont fini par se rendre, que de Gaulle est entré dans la Capitale, que Paris est bien délivré. Mais ce qu'il convient de retenir : c'est le geste ! Ainsi, même pour Paris, ils n'auront pas pu avoir une attitude correcte. En bons Barbares, ils ont tenu à maintenir leur réputation. D'abord, de la pleutrerie, parce qu'ils se sentaient dominés. En ce sens qu'ils ont tout d'un coup reconnu aux Forces de la Résistance la qualité de belligérants. Puis, de la fourberie, en rompant cet armistice au mépris de tout honneur, de tout respect de la parole donnée. Oui, c'est signé ! Ils n'ont pas pu quitter Paris, où ils n'avaient jamais imposé que leur lourdeur et leur soldatesque, sans accomplir une ignominie. Ils n'ont même pas eu l'élégance de partir en beauté, de se montrer beaux joueurs. Rageurs et forcenés, mesquins et brutaux, pleutres et fourbes, nous avons pu les voir, encore une fois, sous leur meilleur jour, mettant le feu à l'Hôtel Crillon, au Ministère de la Marine, accumulant, avant de s'en aller, les actes de sauvagerie et d'impuissance. Se cramponnant particulièrement, par instinct de destruction, dans les plus beaux quartiers. Et dire qu'il y en a encore pour les défendre ! Bien entendu, les autres peuples ne sont pas des petits saints. Chacun d'eux, au cours de son histoire, a eu ses horreurs et ses crimes. Mais c'est au nom de ça qu'on voudrait que nous mettions tous les peuples dans le même sac et que nous finissions par dire, qu'après tout, ces autres peuples ne valent pas mieux que les Barbares. Eh bien non ! Jamais je ne laisserai accréditer, pour ma part un tel mensonge car ce serait engendrer le plus atroce contresens qui ait jamais été conçu. J'ai su, par des lectures, toutes les horreurs commises par les Égyptiens aussi bien que par les Perses, par les Crétois aussi bien que par les Phéniciens, par les Athéniens aussi bien que par les Spartiates, par les Juifs aussi bien que par les Romains, par les Huns aussi bien que par les Tartares, par les Chinois aussi bien que par les Arabes, par les Catholiques aussi bien que par les Protestants, par le Moyen-Âge aussi bien que par la Renaissance, par les Rois que par les Républiques, par les Français de la Révolution que par les Yankees de la guerre de Sécession, par les Anglais chez les Boers que par les Anglais dans l'Inde, par les Russes de l'URSS que par les Espagnols de Franco, et cette liste pourrait se continuer indéfiniment. Mais rien, dans l'Histoire de ces horreurs, ne peut se comparer à l'ignominie Barbare. Car il n'y a pas chez ces monstres seulement de la colère, du fanatisme, ou de la cruauté. Car cela n'est pas chez eux un simple sursaut d'un moment. Chez eux, la Barbarie est froide, encore que rageuse, systématique, continue, appliquée sans défaillance, implacable. Elle peut durer huit jours, six mois, dix ans, des siècles ! Elle touche tous les habitants de ce peuple abject, sans exception. Elle se double d'une hypocrisie sans pareille, d'une aptitude inouïe au mensonge, à la mauvaise foi. Depuis seulement deux mois, on pourrait citer aux quatre coins de la France, des milliers d'exemples de leur saloperie criminelle. Toujours des engagements non tenus, des fourberies de la dernière heure, partout, que ce soient les uns ou les autres, tous les mêmes, toujours égaux à leurs chefs, géniaux dans l'art de se faire abhorrer du genre humain.

Samedi 26 août 1944

C'est maintenant la Roumanie qui met bas les armes. Encore un état satellite de moins aux côtés de la Barbarie. À ce propos, voici un exemple de plus de la fourberie barbare. Les Barbares s'étaient engagés à ne rien entreprendre contre les Roumains à condition que ceux-ci les laissent se retirer librement, ce qui fut accordé. Puis, aussi sec, ayant obtenu gain de cause, les Barbares ont tiré sur les troupes roumaines. Non, on ne les changera pas. À Paris comme à Bucarest, à Varsovie comme à Florence, cela a beau n'être pas les mêmes Barbares, c'est toujours la même signature. Il y a une sorte d'unité de conduite entre eux tous. Ici ou là, ils se montrent bien dignes les uns des autres. Rien à faire. Et je crois qu'il est plus simple de renoncer à l'espoir de les amender.

Ceci dit, il convient de garder son sang-froid vis-à-vis des Roumains comme vis-à-vis des Italiens. Ces convertis de la dernière heure sont les plus suspects. C'est l'intérêt seul qui leur a fait retourner leur veste. Aux yeux de l'humanité, ils n'en restent pas moins ceux qui pendant des années ont été les complices des Barbares et, ce faisant, ceux qui ont aidé puissamment les Barbares à étendre le champ de leurs crimes. Ah ! maintenant, sans doute, tout le monde sans exception va vouloir être du bon côté. En France même on va avoir toutes les peines à trouver quelqu'un qui aura le courage de dire qu'il a cru dans le Vieux Baveux et qu'il a pactisé avec les salauds de Vichy. C'est avec ces opportunistes qu'il convient d'être le plus sévère.

Dimanche 27 août 1944

Voici une semaine que nous sommes libérés. Que d'événements, depuis, dans toute la France ! Enfin, on respire. Déjà, à mille signes subtils mais certains, la liberté, la justice et, en un mot, la Civilisation se manifestent. Il n'y a pas à s'y tromper. Si on en avait pu douter, si on avait tant soit peu oublié ce que c'était, on peut, aujourd'hui, se sentir rassuré. Les Français n'ont pas des âmes de policiers. Ils n'ont pas la délation et la cruauté dans le sang comme les Barbares. Malgré la gravité des circonstances actuelles, rien n'est venu rappeler l'horreur affreuse du mot *verboten* ! Si de justes vengeances ont été accomplies, si le peuple, muselé si longtemps a pu enfin manifester ses sentiments indignés en frappant et en injuriant les salauds de Vichy, si, sans pitié, il a infligé aux traîtres et aux dénonciateurs, à ceux qui ont des crimes affreux sur la conscience, le traitement qu'ils infligeaient depuis des années à des innocents, du moins ces représailles ont-elles été de courte durée. En quelques jours, tout est revenu au calme. Il n'est pas dans le tempérament des Français de torturer ses semblables. Il n'est vraiment pas méchant. Il oublie vite. Il n'aime pas la vue des barbelés et, il a eu tôt fait de les faire disparaître de même qu'il fera disparaître ses armes dès qu'il n'en aura plus besoin. Il n'aime pas arrêter les gens, il n'aime pas demander des identités, il supprime le couvre-feu, il fait aussitôt jaillir du sol ses richesses et ses facilités. C'est un peuple qui ne se prend pas au sérieux et qui songe toujours d'abord à s'amuser et à boire. Eh bien, c'est ça que nous aimons, c'est ça que nous voulions depuis cinq ans !

Dimanche 3 septembre 1944

Que de chemin encore parcouru en huit jours ! Le nord de la France presque entièrement libéré du Barbare, les troupes alliées en Belgique, libérant Tournai, à 70 km de Bruxelles ! La Roumanie et la Bulgarie hors de combat. La Finlande qui demande des conditions d'armistice à l'URSS. La Hongrie qui bat de l'aile. Ça sent vraiment la fin ! Et déjà, on ne pense plus à la guerre mais à ce qui va lui succéder.

Ici, et partout où le Barbare est parti ce doit être pareil, le premier enthousiasme passé, les gens se dépêchent de relever la tête, de faire des projets. On voit autour de soi les gens se précipiter pour faire leur cour. C'est une véritable ruée vers l'or. Il y a tant de places à prendre ! Il faut à tout prix se faire bien voir, profiter des circonstances, s'arranger pour avoir droit au gâteau, pour ne pas rester bêtement sur le carreau. Et allez donc ! On fait ses petits coups en douce, sans en parler aux amis. Sans doute parce qu'on n'a pas très bonne conscience. Pas si bête ! L'argent n'a pas d'odeur. Se balader en auto pendant que les autres vont encore à pied. Et tout ça, sous l'étiquette du patriotisme. Sans aucun risque. Maintenant la guerre est gagnée. La roue ne pourra plus tourner. On peut jouer à coup sûr. C'est le règne des vestes retournées. Oh ! comme on a mauvaise mémoire, tout d'un coup ! On ne veut plus se souvenir de ce qu'on a dit, de ce qu'on a fait. Quoi ? Mais non, vous vous trompez, j'ai toujours été du bon côté. Bientôt, ces tièdes, ces collabos d'hier vont nous faire honte. Ils crient plus fort que tous les autres. Ils crient si fort qu'on n'entend plus qu'eux. Et comme ils font du zèle, comme ils font antichambre, comme ils flattent et qu'ils approuvent, comme on ne voit plus qu'eux, ce sont eux qui ont les places, les honneurs. Bientôt, il n'y aura plus qu'eux pour avoir délivré le pays du Barbare. Bientôt, les plus irréductibles, ceux qui, vraiment depuis cinq ans, en ont subi de toutes les couleurs, camps de représailles, persécutions, déportations, maisons pillées, situations ruinées, santés abîmées, parce qu'une certaine pudeur les retient de se mettre en vedette, de se pousser en avant, parce qu'aussi ils ont été tellement éprouvés qu'ils aspirent avant tout au calme, à la tranquillité, au silence, à cette paix à laquelle ils estiment qu'ils ont droit, oui, bientôt, ceux qui, pas un jour, n'ont fait risette au Vieux Baveux et à ses acolytes, ceux qui, pas une seule fois, n'ont consenti à frayer avec le Barbare, vont se voir suspectés. À côté de la frénésie soudaine de ces assoiffés du jour, qui, hier encore... ne perdaient pas une occasion de critiquer nos libérateurs, de blâmer la Résistance et de faire confiance dans les « bons sentiments » des Barbares, ils vont risquer de faire pâle figure. Comment ? Vous restez dans votre coin ? Vous n'arborez pas de brassard ? Vous ne vous agitez pas dans le panier de crabes ? Montrez-nous donc vos papiers ? Êtes-vous bien en règle ? Peut-être irait-on jusqu'à faire la leçon à ces irréductibles de toujours. Ah ! cela sert de savoir bien nager ! Plus royalistes que le Roi ! On n'a jamais été anti-Barbare et on l'est plus que n'importe qui, jamais rouge et on l'est plus que n'importe qui. En les écoutant, confondus, les irréductibles ne peuvent dissimuler tout de même un petit sourire...

Dimanche 10 septembre 1944

Et toujours, toujours, ma pensée s'envole vers ceux qui sont restés là-bas, vers ceux qui attendent encore, dans les Limbes de la captivité, retranchés du monde des vivants. Qui penserait à eux sinon moi ? Si je suis rentré, si j'ai eu cette chance du destin, n'est-ce pas pour entretenir ici leur souvenir, à la place de ceux qui les oublient trop souvent ? Je sais bien que ce dont ils ont le plus besoin, ce n'est pas encore de lettres, de colis ou d'argent. Je sais bien que ce qu'ils désirent partout, par-dessus tout, c'est de ne pas mourir dans la mémoire des vivants, c'est de rester présents dans leur souvenir. Je songe surtout à ceux qui sont condamnés aux travaux forcés, surtout à ceux qui n'avaient pas l'habitude des travaux manuels, à ceux qui étaient des hommes de pensée, à ceux qui servaient l'intelligence et auxquels on a mis une pioche, une pelle, une faux, un tour, dans la main. Pitié pour eux ! Ne comprenez-vous donc pas, foules, foules qui depuis cinq ans avez tout de même eu à peu près vos aises, et vous, du Maquis, qui, du moins, conserviez la liberté au fond de votre cœur et que la fièvre de l'action pouvait exalter, et vous, des prisons de la Gestapo, si souvent délivrés par vos frères et qui gardiez, pour vous soutenir dans l'épreuve, le sentiment de l'idéal que vous serviez, ne comprenez-vous pas, tous, oui, qu'il n'y a pas eu de recours possible pour ces hommes voués petit à petit au plus dégradant avilissement ? Dans quel état vont-ils nous revenir, les malheureux ? Ah ! je vous en prie, n'essayez pas de briser leur haine. On ne vit pas en vain pendant des années sous le joug d'un régime qui n'a d'autres méthodes que celles du mensonge, de la propagande et de la menace. Maintenant, les troupes alliées s'approchent du Rhin. Je songe plus particulièrement de ce fait à ceux de mon Stalag. Que vont-ils faire d'eux, les Barbares ? Le camp est à une vingtaine de kilomètres au-delà du Rhin, devant les premiers contreforts de la Forêt Noire et donc devant les plus gros ouvrages de la ligne Siegfried. Les Barbares vont-ils les déplacer, les déporter plus profondément en Barbarie ? Mon cœur frémit à cette seule idée. Les civils, bien sûr, ne savent pas ce qu'une telle décision peut représenter pour les prisonniers. Mais moi, je réalise pleinement le drame que ce sera pour eux, après cinquante et un mois de barbelés. Voir la liberté s'éloigner à nouveau après une si longue attente. S'enfoncer un peu plus dans l'horreur quand enfin il semblait que la fin du cauchemar pour eux s'annonçait. N'ont-ils pas déjà assez souffert ? Où trouver l'énergie nécessaire pour surmonter ce nouveau coup ? Je l'imagine aisément ce transfert. Peut-être même devront-ils faire la route à pied. Et dans ce cas, c'est l'obligation d'emporter un minimum de bagages, de renoncer aux réserves alimentaires soigneusement accumulées, c'est le désagrément d'arriver dans de nouveaux camps, démunis de tout, au moment où l'hiver approche, où le ravitaillement doit devenir plus précaire, c'est donc la certitude d'une amplitude des souffrances, alors que leur résistance est à bout. Non, on ne songe pas assez aux prisonniers. Et il y en a encore pour exiger d'eux qu'ils aident les alliés, enchaînés et diminués comme ils sont !!!!!

*

Tout de même une bonne nouvelle, une très bonne nouvelle, celle que j'attendais depuis si longtemps, celle même que je n'ai cessé, depuis des années de souhaiter.

De Gaulle a expressément déclaré que l'État Français devait être considéré comme nul et non avenu et que, par conséquent, il n'y avait pas lieu de rétablir la République pour la bonne raison qu'elle n'avait jamais cessé d'exister.

Enfin ! Oui, il y a des années que je disais la même

chose. Quand je parlais à des amis sûrs c'était toujours ce que je leur disais. Pourvu que de Gaulle pense à poser le problème de cette façon. Il ne faut pas accepter le fait accompli. Il faut le rayer, l'effacer, faire comme si ces quatre années n'avaient pas existé. Aux yeux de l'histoire, il ne faut pas qu'il y ait eu d'État Français. La République, à Paris ou à Alger, n'aura jamais cessé d'exister. Oui, mettez-vous bien ça dans la tête : la République continue !

Ça me fait penser au crédit dont je jouirais actuellement si j'étais encore parmi mes compagnons de captivité. Quelle revanche je pourrais prendre ! Est-ce que tout ce que je leur avais annoncé ne s'est pas produit ? Ah ! je les vois d'ici les sceptiques, les tièdes ! Ce Guérin, tout de même, quel prophète ! D'où sortait-il des renseignements si précis ? Un prophète ? Non, pas du tout. J'ai horreur du genre prophète. C'était une simple observance raisonnée des faits. J'estime qu'il ne fallait pas être grand clerc pour avoir une vision cohérente des choses. S'aveuglait qui voulait bien. Il suffisait d'ouvrir les yeux. Les faits parlaient d'eux-mêmes. Le résultat ne pouvait pas faire de doute. Il y avait des années que je le montrais. Seule la question de temps restait indéterminée parce que je n'étais pas dans les secrets des états-majors. Deux cents millions d'hommes qui ne disposent pas d'un dixième des richesses de la Terre utiles à la poursuite d'une guerre, ne pourront qu'être battus par deux milliards qui disposent des neuf-dixièmes de ces richesses.

Les gens s'étonnent. Vous avez dit cinq ans à l'avance tout ce qui se passerait et tout s'est passé effectivement comme vous l'aviez dit ! Quoi d'extraordinaire à ça ? Toujours les mêmes évidences. Battus, écrasés en 40 à dix tanks contre un, à dix avions contre un, nous infligeons aujourd'hui la même défaite aux Barbares parce que le rapport des forces s'est renversé. Il n'y avait pas eu démérite à plier en 40, de même qu'il n'y a pas mérite à triompher aujourd'hui. Les fous voient leur rêve délirant s'effondrer. En pouvait-il être autrement ?

Et maintenant, il faut essayer de faire confiance à cette déclaration de de Gaulle. Encore que mon antimilitarisme indomptable, me porte à me méfier des pouvoirs d'un général. C'est que c'est la seule garantie qui nous reste au retour de la Liberté véritable. Je n'ai jamais fait de politique. Je n'ai eu qu'une ligne de conduite. Être toujours avec l'opprimé contre l'oppresseur. D'où l'enthousiasme avec lequel j'ai embrassé la cause de tous les antifascistes. Mais je ne me laisse pas abuser. Et de même que j'ai su dénoncer les ambitions fascistes sous le paravent nationaliste ou socialiste, je saurai tout aussi bien les dénoncer le cas échéant sous le paravent républicain ou communiste.

Dimanche 17 septembre 1944

Nous avons pu, Sonia et moi, assister à un certain nombre de séances de la Cour Martiale. La plupart des gens qui le peuvent, ne se lassent pas de ce spectacle. Ils veulent toujours y retourner, ne pas laisser passer un jugement. Ce sont les cas qui les intéressent, la tête des accusés et l'exposé des griefs qu'on leur reproche, sans compter une certaine curiosité morbide qu'on a raison de ne pas encourager. Et enfin, on peut aussi trouver, parmi le public, des gens qui ont eu personnellement à souffrir de tel accusé et qui viennent le voir juger avec la satisfaction légitime qui se devine.

Moi au contraire, ce qui m'attirait c'était surtout le mécanisme de la chose, son appareil et son esprit. Je n'étais pas curieux des cas mais de la liturgie avec laquelle il est procédé à leur jugement. Il a donc suffi que je voie quelques cas pour me faire une idée d'ensemble.

J'ai dit liturgie. C'est bien d'une sorte de liturgie qu'il s'agit en effet. Car, dans ce temple de la Justice, ce sont surtout les attitudes qui comptent. Attitudes du Président de la Cour Martiale, de ses assesseurs, du greffier, du Commissaire du Gouvernement, de l'accusé, des gendarmes qui le gardent, de l'avocat d'office qui est censé le défendre, des journalistes, des sentinelles qui rendent les honneurs et enfin du public. Ces attitudes varient, chez chacun, selon ses propres réactions en même temps que selon les réactions d'autrui. Ces réactions, les unes et les autres, sont cependant fort élémentaires, sujettes aux impulsions les moins raisonnées, les plus sentimentales.

Le public, on le sent tout de suite, est là comme au cirque. Il veut du sang. Et s'il consent parfois, pour se détendre, à s'esclaffer, il reprend bien vite son sérieux, son indignation et ses vociférations. Dès que l'accusé pénètre dans la salle, un frisson parcourt ce public. Exactement comme à l'entrée du toro dans l'arène. Tous les regards sont sur lui, suceurs de mystère. On dirait que chacun est impatient de deviner ce qui se cache derrière ce front, derrière ce masque livide, derrière ces lèvres décomposées. C'est que le public, dans son illogisme, se fait tout de même une certaine idée du coupable. Une femme, un homme qui ont pu accomplir de si abominables forfaits, il n'est pas possible qu'ils n'aient pas sur eux quelque chose de révélateur de leur bassesse. Voilà donc, se dit chacun, malgré lui, un criminel ! Comment est-ce fait ? Cela ne doit pas avoir le visage de tout le monde. Et la première réaction de ce public, instinctive, c'est de trouver que l'accusé a une sale tête. Il est de fait que les accusés ont, en général, une sale tête. Certains ont encore la figure tuméfiée par les coups qu'ils ont reçus de la foule au moment de leur arrestation, voire des croix gammées sur le front et sur les joues qu'y ont peintes les plus acharnés à se venger. Qu'on ajoute à cela, parfois aussi, le débraillé de leur vêtement, mais surtout l'angoisse de ce qui les attend et qui verdit leurs traits. C'est donc à peu près automatique, ce public qui a fait un bon déjeuner, qui s'estime la conscience tranquille, qui est un peu congestionné par la chaleur et qui sait que ce soir la vie, pour lui, continuera douce et tranquille, avec un dîner en famille et un sommeil paisible dans des draps frais tandis que l'homme qui défile devant eux va jouer sa tête en quelques minutes, ce public, donc, automatiquement, juge que l'accusé a une sale tête et l'on surprend sur les visages une expression de contentement à l'idée de ce qui va suivre. Pour un peu, on les verrait se pourlécher. On carre mieux ses fesses. On ouvre grandes ses mirettes. On tend ses esgourdes. Ça va commencer.

Bien entendu, la réaction est d'autant plus vive s'il s'agit d'une femme. Les gens se sont toujours faits de la femme l'idée d'un ange ou d'un démon. Dans toutes les classes de la société, du haut en bas de l'échelle. Si une femme pénètre en accusée dans la salle, entre deux gendarmes, c'est donc qu'elle n'est pas un ange mais un démon. Et comme on considère d'autant plus affreux de la part d'une créature qui aurait pu être un ange qu'elle ait choisi d'être un démon, l'indignation de la foule est elle d'autant plus forte. Une femme ! Un homme, passe encore ! La politique etc... Mais une femme, avoir fait ça, avoir dénoncé des gens à la Gestapo, avoir fait le jeu des Barbares !!! La foule fait entendre un murmure, un grondement irrité, qui s'enfle davantage si la femme au lieu d'être une femme du peuple est une femme d'un certain milieu comme si pour celle-ci les excuses possibles étaient encore moins valables.

J'ai vu ainsi une fille soumise, grosse, pâle, non fardée, intimidée, elle a répondu avec une pauvre niaiserie à l'interrogatoire. Le Président, qui est un peu dur d'oreille, lui a fait répéter deux fois son métier. « Et qu'entendez-vous, au juste, par fille soumise ? » — « Ça veut dire que je suis en carte. » C'était l'intermède comique, bien qu'il n'y eût là, à mon sens, rien que de pitoyable. C'est d'ailleurs ce qu'a aussitôt compris le Commissaire du Gouvernement qui n'ayant à reprocher à la malheureuse femme que d'avoir professionnellement couché avec des Barbares (d'ailleurs, avoue-t-elle, elle ne « faisait » que les Ukrainiens ; une spécialité, en quelque sorte) et tenant compte du triste métier qu'elle fait, s'est abstenu de présenter un réquisitoire et a demandé à la Cour de la remettre en liberté surveillée et de l'acquitter. Ce qui fut fait. Quand le Président lut le jugement, la fille soumise, debout, claqua dans ses mains deux ou trois fois discrètement et dit : bravo ! Cela aussi fit rire l'assistance et les magistrats eux-mêmes. Elle se tourna alors vers le fond de la salle et lui sourit gauchement. Maintenant, elle se sentait rassurée. Elle respirait. Elle regardait ses gendarmes avec confiance mais sans défi. Tout à l'heure, encadrée par eux, elle ne savait pas bien comment se comporter, ce qu'il fallait ou ne fallait pas faire. S'asseyant quand il fallait se lever, ou inversement, gardant les mains dans les poches de sa veste de laine noire, disant oui Monsieur au Président. Elle n'avait jamais vu tant de monde, elle était toute surprise de se trouver en vedette. Pourquoi tous ces gens, tous ces officiers, tous ces soldats en armes autour d'elle ? Qu'avait-elle donc fait ? Mais oui, c'était bien un malentendu. La voilà libre. Elle n'a rien à faire en ce lieu. Toutefois, parce que la foule et peut-être la Cour, auront perdu un peu de leur sérieux à cause d'elle, pendant quelques instants, elles se croiront tenues à plus de sévérité et de rigueur, tout à l'heure avec l'accusé qui lui succédera. Voilà à quoi les choses tiennent. Le public comme la Cour se laissent impressionner à tout instant. Mauvais pour un accusé de passer après un acquittement. La soif de vengeance va se réveiller. Excellent au contraire de passer après une ou deux condamnations à mort. On est recru, on désire souffler. On est enclin à plus d'indulgence.

Un peu avant la fille soumise, une autre femme avait comparu. Une bourgeoise d'une cinquantaine d'années, belle encore, d'une sobre élégance, hautaine, sachant parler, portant la tête fièrement et, au reste, chevalier de la Légion d'Honneur à titre militaire, officier de l'instruction publique, décorée des Palmes académiques. Tout à fait le type de la fille d'officier supérieur, élevée dans le meilleur couvent de la région. Ce qu'on est convenu d'appeler quelqu'un de bien. Oui. Mais elle est accusée de propagande vichyssoise, elle a tenu un magasin où elle vendait et recommandait toute la hideuse littérature fomentée par le Vieux Baveux, enfin on lui reproche des relations avec des miliciens.

Tenant compte de ses antécédents, la Cour ne la condamne pas et se contente de la maintenir en prison en attendant sa comparution devant un tribunal régulier. Mais là n'est pas l'intéressant. Ce qui est intéressant ce sont toujours les attitudes.

Attitude de la Cour, d'abord, qui s'est visiblement laissée impressionner par la personnalité de l'accusée. Une sorte de vieille galanterie, bien française. C'est une dame, tout de même, pour ces hommes ! Attitude autrement plus ferme et plus juste du Commissaire du Gouvernement plein de sévérité à l'égard de cette femme que la seule complaisance envers le Vieux Baveux devrait faire condamner. On les connaît, ces sortes de dames ! Toute une éducation bien-pensante et capitaliste derrière elles. Nationalistes comme le Vieux Baveux, elles font tout de même passer leur amour de l'ordre, c'est-à-dire de l'oppression et de la tyrannie avant la liberté de leurs concitoyens. En un mot comme en cent, c'est une fasciste ! Et comme telle, elle mérite une condamnation exemplaire. Elle a été de ces ignobles zélatrices du Vieux Baveux qui ont permis aux Barbares de mieux jouer leur jeu hypocrite, de mieux semer la confusion dans les esprits faibles. Ah ! ce qu'elles auraient voulu aussi qu'il y ait aussi en France un régime nazi ! Ce qu'elles auraient été heureuses ! Comme tout aussitôt aurait alors marché à leur gré ! Leur conscience même était tranquille. Elles étaient couvertes par leur Maréchal. Le Sacré Vieillard était un garant solide. Il ne pouvait se tromper, ni trahir. Hélas ! On tombe de haut, aujourd'hui... Le Commissaire a très sèchement fait ressortir tous ces points. Il l'accuse très justement de trahison. Aux dénégations de l'accusée, il oppose des faits. Il ne se laisse pas prendre à ses mines indignées, car elle s'indigne en effet de ce qu'on l'accuse de quoi que ce soit. Il poursuit implacablement ses attaques à la joie du public. Car le public, lui, ne cache pas son attitude hostile. Autant il sera prêt tout à l'heure à sourire des gaucheries de la fille soumise, autant l'assurance de la femme du monde l'indispose. L'attitude de celle-ci enfin n'est pas moins caractéristique. Elle n'est pas entrée dans la salle la tête basse. Elle ne joue pas battue. Elle entend se défendre. Est-elle sincère ou non ? Du moins, elle affecte la sincérité offensée. Comment ? On me reproche ceci ou cela ? Mais c'est épouvantable. Mais c'est faux. Oh ! Comment peut-on m'accuser de choses pareilles ? Cependant, elle n'a pas le cran d'avouer ses préférences. Elle a vite fait de renier le Vieux Baveux. Elle aurait pu dire : eh bien oui, j'ai servi sa politique. Mais j'ai fait comme beaucoup de Français. J'ai eu confiance en lui. Vous ne pouvez me tenir rigueur de cela.

Et, de fait, on ne sait pas si on ne préférerait pas cette sincérité, ce cynisme. Mais non, elle proteste, sans preuves, sans arguments du reste, sans aucun témoignage à l'appui, de ses sentiments patriotiques. Elle n'a jamais milité en faveur du Vieux Baveux, ni fréquenté de miliciens. Elle ne veut pas qu'il soit dit qu'elle ait en quoi que ce soit prêté le flanc à la critique.

Cette dernière attitude fut celle aussi de tous les autres accusés que j'ai vus. Qu'on demandât leur tête ou une simple peine d'emprisonnement, pas un n'a eu le courage de son opinion. Tous ont été renégats. Donneurs de la Gestapo, délateurs, défaitistes, collaborateurs, persécuteurs d'israélites, imbéciles de la Légion du Vieux Baveux ou salopards de la Milice, tous, sans exception, ont renié leur foi. Pourtant, j'aurais aimé en voir un, au moins, affirmer son point de vue devant ses juges. Sans doute, je fais la part de l'émotion, du trouble, du tragique de leur situation. Ce n'est pas tous les jours qu'on passe en Cour martiale. On sait ce qui vous attend. On doit être dans un état second. Mais tout de même ! Surtout quand on sait qu'on est foutu ! Bon Dieu, ces salauds-là avaient donc encore des illusions ? Ils croyaient donc qu'on allait leur pardonner leurs crimes, qu'ils allaient s'en tirer sans trop de dommages ? C'est la seule explication plausible de leur veulerie, de leur politesse, de leur déférence devant leurs juges. Autrement, on imaginerait facilement l'attitude de l'accusé qui, foutu pour foutu, n'accepterait pas, tel quel, l'appareil qui s'ordonne pour lui. Me lever, moi ? Devant mes juges ? Quels juges ? Je ne vois pas de juges devant moi. Je ne vois que des assassins. Et puis, je vous emmerde ! Vous êtes les plus forts. Vous pouvez me couper en petits morceaux ou m'abattre d'un coup de pistolet mais moi je n'accepte pas votre Justice. Je vous hais et je vous méprise ! Vous êtes des criminels. J'ai ma conscience pour moi. J'ai fait ce que je devais faire pour mon pays. Je meurs en martyr de la cause sacrée que je défendais. Heil Hitler !

Eh bien, pas un n'a osé avoir cette attitude-là. Oui Monsieur le Président. Non Monsieur le Président. Si Monsieur le Président le permet. Avez-vous quelque chose à ajouter pour votre défense ? Je m'en remets à la Justice de la Cour. Et cetera. Bon Dieu ! Quand on joue sa tête, qu'on sait ce qu'on a fait ! Il est vrai que la plupart de ces salopards sont des déchets humains. Ratés de tout poil, anciens communistes, déjà une fois renégats, anciens séminaristes, Alsaciens-Lorrains qui ont trahi l'hospitalité qui leur était offerte, etc... Ah, vraiment, les fascistes avaient du mal à recruter leurs adhérents. Dans un pays où les 95 centièmes de la population les vomissent, ils n'avaient trouvé pour grossir leurs maigres rangs que des niais, des dégénérés, des arrivistes ou des repris de justice. Jolie clique, en vérité ! Et pas étonnant si cette clique a donné des résultats qui dépassaient toutes les espérances.

Car enfin, comme le disait, à chacun d'eux, le Commissaire du Gouvernement, vous ne nous ferez pas croire qu'en 1944, moment où la plupart ont adhéré à la Milice, vous ne saviez pas ce qu'était cette Milice et ce qu'on allait y attendre de vous. Dès 1944, il n'était plus de malentendu possible. Personne en France n'ignorait ce qu'était la Milice et la mission dont elle était chargée par le Vieux Baveux. Il n'y a donc pas d'excuse à ce geste. Ceci pour ceux qui se sont contentés d'adhérer mais qui n'ont jamais porté les armes.

Les autres, ceux qui ont un ou plusieurs méfaits sur la conscience, ceux qui ont tué leurs compatriotes aux ordres du Vieux Baveux ou qui les ont fait déporter par la Gestapo, n'ont aucune excuse. Pour eux, c'est la mort !

Entre parenthèses, je note une autre attitude du public : un accusé étant père de sept enfants et ayant sa femme dans l'attente d'un huitième s'est vu acquitté aux applaudissements de la foule. Celle-ci s'est laissée attendrir par cette famille nombreuse. Pourtant, où est l'excuse, pour l'accusé ? Et d'ailleurs, un moment après, un autre accusé, lui-même père de trois enfants et d'ailleurs plus gravement compromis, sera condamné à mort sans que le fait de ses trois enfants argué par l'avocat ait pu arracher à la Cour ou au public le moindre mouvement de compassion.

Et ceci m'amène à dire deux mots des avocats ou avocates de la défense. Ceux-ci sont désignés d'office, ont l'air de s'en foutre éperdument et n'ont communication des dossiers qu'à onze heures du matin alors que l'audience commence au début de l'après-midi. C'est dire si les choses sont faites sommairement. Bien entendu, le travail sérieux a été fait ou a dû être fait pendant l'instruction. C'est alors que la Cour a pu se faire son opinion sur chaque cas. On a l'impression que lorsque l'accusé entre dans la salle, la Cour sait à peu près à quoi s'en tenir. À moins que n'interviennent à la dernière minute des faits nouveaux, elle sait la peine qu'il mérite. C'est pourquoi sans doute le court exposé de l'avocat d'office est de pure forme. Pourtant, on a également l'impression que la Cour, qui est formée d'officiers et non de magistrats, pourrait être facilement influencée par un avocat qui saurait prendre sa tâche à cœur et présenter ses arguments avec vigueur. On m'a cité un cas où l'avocat a vraiment sauvé la tête de celui qu'il était chargé de défendre et ce, simplement, parce qu'il a su amener la cour à entrer dans son point de vue.

Mais, en général, les accusés semblent assez indifférents à ce que peut dire ou ne pas dire leur avocat. Le mécanisme du Jugement est d'ailleurs assez simple. On annonce la Cour. Le piquet présente les armes en faisant la haie. Tout le monde debout. La Cour s'installe, on s'assied. On introduit l'accusé entre deux gendarmes. Le Président interroge l'accusé sur son identité. Puis le greffier lit l'acte d'accusation. Suit l'interrogatoire de l'accusé. Puis le réquisitoire du Commissaire du Gouvernement. L'avocat se lève à son tour. Sur tels arguments présentés, le Commissaire du Gouvernement peut reprendre à plusieurs reprises son réquisitoire. L'avocat achève enfin. La Cour se retire enfin pour délibérer. On fait sortir l'accusé. La Cour rapporte la sentence. On réintroduit l'accusé. Tout le monde est de nouveau debout. Le Président de la Cour lit la sentence. Les gendarmes emmènent l'accusé. C'est le tour du suivant.

Le plus frappant peut-être de toute cette liturgie, c'est de voir la passivité avec laquelle les accusés entendent la sentence qui les condamne aux travaux forcés à temps ou à perpétuité, voire qui les condamne à la peine de mort. J'ai attentivement regardé chacun d'eux quand les paroles terribles tombaient. Pas une réaction. Pas un tressaillement des muscles de leur visage. Qu'ils puissent devenir plus pâles, ça, ce n'était pas possible. Mais, par exemple, j'aurais pu m'attendre — il y avait là des garçons encore très jeunes — à une crise de larmes, que sais-je ? à un cri de révolte, à un évanouissement, à une rodomontade. Non, rien, absolument rien. La passivité la plus complète. Même pas prostrés. Seulement pâles, immobiles, l'œil fixe et sortant de la salle d'un pas ma foi ! encore assez assuré.

Que peut-il se passer au fond de ces êtres en cet instant ? Je me le suis chaque fois demandé. Et vainement. Ça paraît à la fois trop simple ou trop compliqué à expliquer.

On se perd en conjectures. Des officiers de la Cour avec lesquels j'ai pu bavarder, et notamment l'un d'eux chargé d'assister aux exécutions qui se font dans les vingt-quatre heures, me disaient que les condamnés avaient toujours une attitude très courageuse au moment de mourir. Cependant, comme en raison du jugement ils doivent être fusillés à genoux et avec un bandeau sur les yeux, pas un n'ose s'insurger contre cette obligation. Comment l'expliquer ? Ils n'ont plus rien à perdre, pourtant, en cet instant. Il ne leur coûterait rien de refuser. Puisqu'on va les tuer. Qu'on les tue par une salve ou qu'on les abatte parce qu'ils refuseraient de se plier à ces dernières contraintes, je ne vois pas la différence. Il est vrai que rien n'a plus beaucoup d'importance quand on en est là. Mais ce serait tout de même le dernier geste de révolte d'un homme libre. Et s'il ne leur vient pas à l'idée de le faire c'est qu'ils n'ont pas de véritables âmes d'hommes libres, c'est qu'ils n'étaient pas, qu'ils n'ont jamais été des hommes libres. Et la preuve, c'est leur appartenance à ces partis fascistes, à ces régimes où ils se sentaient glorieux de leur esclavage. Cet esclavage les a conduits au poteau d'exécution et c'est en esclaves qu'ils sont morts.

À la sortie, les propos vont leur train. On sort de là, les nerfs brisés. C'est tout de même un spectacle assez déprimant que celui d'assister dans un même après-midi à un certain nombre de condamnations graves ou capitales. Il y en a qui prétendent qu'ils méritent tous la mort, quels qu'ils soient. C'est le point de vue du Commissaire du Gouvernement, homme jeune, doux, intelligent, posé, qu'on devine d'une grande valeur. Et, pardi, je sens bien qu'il a raison dans un sens. Ce sont des gens qui ont fait un pacte avec la Barbarie, qui ont souhaité la victoire de la Barbarie sur la Civilisation, du Bâillon sur la Liberté, de l'Ignominie sur la Droiture, de la Guerre sur la Paix et il est juste qu'ils paient aujourd'hui pour tous ceux qu'ils ont laissés ou faits torturer. Ce n'est pas le moment de s'abandonner à la pitié. Que ceux qui y songent, considèrent plutôt qu'il y a des années qu'ils auraient pu s'y abandonner au lieu d'attendre maintenant. Il y avait des années que des innocents étaient persécutés, torturés, assassinés dans les geôles de la Barbarie. C'était devant ces malheureux qu'il fallait s'apitoyer et non devant leurs assassins aujourd'hui justement jugés et condamnés.

Sans doute l'appareil de la Cour Martiale est si brutal et si sommaire qu'on souhaiterait dans certains cas plus délicats une audition de témoins, un examen plus approfondi des circonstances. Mais il suffit dans le fond qu'on sache qu'un individu ait appartenu à la Milice pour être convaincu de sa culpabilité. Avoir tué un Français sur les ordres d'Hitler ou lui en avoir livré un, je ne sache pas que cela mérite la moindre pitié.

Dans un autre sens, on peut considérer que la peine de mort n'est pas une punition suffisante. Faisons le bilan des souffrances d'un tel condamné. Les semaines d'angoisse de l'instruction. Le jour du Jugement. Les vingt-quatre heures terribles à passer jusqu'à l'exécution. Les courts instants de l'exécution elle-même. Le peloton tire. C'est fini.

Eh bien non ! la mort ne paie pas. La punition doit surtout être morale et celle-ci ne peut pas l'être davantage que sous la forme des travaux forcés à temps ou à perpétuité. Les salauds qu'on abat dans leur chambre, à l'aube, comme Henriot, ou ceux qu'on exécute après jugement, ne paient pas leurs crimes. Pour ma part, je sais que nulle mort ne pourra payer les quatre années que j'ai passées dans les barbelés. Et moi, j'étais innocent de tout crime. Je n'avais rien fait à ceux qui m'ont si longtemps fait vivre une vie d'enterré vivant. C'est à ces années que je dois songer quand j'entends, autour de moi, plaider en faveur des Barbares.

Oh ! bien sûr, on l'imagine quand même aisément cette dernière nuit du condamné. L'heure du châtiment est venue. Plus de recours possibles. C'est la fin. Et pendant ce temps, ces Messieurs de la Cour, le Commissaire du Gouvernement, le greffier, se tapent un bon petit gueuleton chez des amis résistants. La chère est bonne. Il y a des femmes charmantes. On danse. On fait de la musique. On s'amuse. Et pendant ce temps, le condamné, dans sa cellule...

Mais ce n'est pas ainsi qu'il faut penser. Il faut penser aux longs mois, aux années, où ceux qui s'amusent ce soir ont vécu traqués, persécutés, jamais sûrs du lendemain, leur vie suspendue à un fil fragile, sous la menace des traîtres, du traître qu'ils ont condamné aujourd'hui, du traître qui, pendant ces mêmes longs mois, et pendant toutes ces années, a vécu en paix, considéré, puissant et craint, au mieux avec les Barbares desquels il recevait des postes et des avantages de toutes sortes. À cette époque-là, le traître ne s'inquiétait guère des tourments de tous ceux dont il avait souhaité la perte. Il mangeait bien, il dormait dans un bon lit. À lui les laissez-passer, les passe-droits, les sourires du Barbare. Il a joué cette carte. Il a perdu. Car en effet, pour la plupart, il ne s'agit même pas d'idéalistes, de convaincus, mais d'arrivistes, intéressés d'une façon sordide. Fallait-il qu'ils soient bêtes ! Si laids, si immondes qu'ils soient, c'est encore leur bêtise qui stupéfie le plus. Avoir joué une carte qui était mauvaise d'avance ! Quel manque de flair !

Dimanche 8 octobre 1944

Je reviens d'un voyage à Bordeaux, avec Sonia, notre premier déplacement depuis la Libération, et j'y ai été témoin d'un certain nombre de faits révoltants que je tiens à noter ici.

Partout ailleurs, les collaborateurs se sont contentés

d'arborer des insignes tricolores à leurs boutonnières, de pavoiser leurs façades et d'applaudir le maquis plus vigoureusement que tout le monde, quand il défilait dans les rues. À Bordeaux, ils ont fait mieux encore, ils sont entrés, le dernier jour, dans les F.F.I. On les voit dans les rues en tenues d'officiers, les magnifiques tenues mastic, les bottes somptueuses de 40. À eux les bagnoles, les laissez-passer, les portes largement ouvertes. Ils paradent à l'aise, ils légifèrent. Ils ont du pognon plein les poches, des filles plein leurs lits et leurs bagnoles. Ils arborent des brassards qui leur donnent tous les droits et pendant ce temps, moi, j'ai tout juste la permission de me faire réclamer mon identité à tous les coins de rue. Un civil, sans insigne, sans brassard. Hum ! Je serais presque suspect. Mais oui, allez-y donc, Messieurs les ex-collaborateurs, ne vous gênez pas, faites-moi arrêter. Ce sera complet.

Partout ailleurs les salauds sont mis sous les verrous, dans les geôles mêmes qu'utilisait pour leur joie la Gestapo. À Bordeaux on fait mieux. Les salauds sont en liberté ou occupent des postes importants dans la Résistance. Et si l'on consent parfois à les arrêter, on ne les loge pas au Fort du Hâ mais dans un palace à salles de bains où ils pourront jouir de tout le confort moderne exigé par leurs augustes personnes.

Partout ailleurs on a pu se féliciter de la nomination des hauts fonctionnaires de la République. À Bordeaux, ceux-ci mêmes s'étaient laissés corrompre et de Gaulle lui-même a dû les débarquer.

Partout ailleurs on s'est attaché à détruire tout ce qui avait été fait par les Barbares et par les Vichyssois. À Bordeaux on a eu à cœur d'imiter leurs méthodes. Partout ailleurs on a fait disparaître chevaux de frise, barbelés, barrières, casemates, interdictions de toutes sortes. À Bordeaux, on se demande si on n'en a pas rajouté encore. C'est à croire qu'à Bordeaux la Résistance n'a pas meilleure conscience que la Wehrmacht ou que la Milice. Pourquoi se préserve-t-elle si peureusement ? Partout ailleurs aussi on a rendu les immeubles privés occupés par les Barbares à leur ancien usage. À Bordeaux on les a gardés pour s'y installer en maîtres. Et comme ça ne suffisait pas, on en a occupés de nouveaux.

Partout ailleurs ça a été un cri unanime de délivrance qui a salué le départ des Barbares. Mais à Bordeaux, on était tellement corrompu par l'occupation qu'on en est venu à appliquer les mêmes méthodes. Ce qui fait que les F.F.I. n'ont pas de mal à se rendre aussi odieux sinon plus que ne l'étaient les Barbares. Cela permet aux Bordelais de vous dire froidement qu'ils étaient plus tranquilles sous l'œil des Barbares. Bientôt, ils vont les regretter. Je propose qu'on fasse une enclave allemande à Bordeaux. Les Bordelais deviendront citoyens barbares. Ils seront ravis j'en suis sûr.

Partout ailleurs on rencontre des gens qui ont vraiment

été dans la Résistance ou qui ont fait plusieurs mois de Maquis. À Bordeaux on rencontre des gens qui avaient magnifiquement caché leur jeu. Ils apprenaient le Barbare, ils fréquentaient le cinéma barbare, ils ne cachaient pas leur admiration pour la soldatesque barbare, ils évitaient soigneusement de se compromettre avec des Israélites ou des gens mal vus par les Barbares et ils se poussaient gentiment auprès des collaborateurs bien en place afin de jouir, grâce à eux, de toutes les facilités du moment, places gratuites au théâtre, voyages à l'œil, invitations à dîner, etc... etc... Mais vous vous trompez. Ce n'étaient pas de petits salauds, de sales petits arrivistes sans foi ni loi. C'étaient d'authentiques héros. Des héros obscurs mais glorieux de la Résistance. Du moins, c'est ce qui résulte des articles qu'ils placent dans les nouveaux journaux — et comment arrivent-ils à les y placer c'est encore un nouveau mystère — où ils écrivent de tels panégyriques à la gloire de tel camarade à eux, martyr de la Gestapo, qu'on croirait vraiment, tant ils ont de talent pour se gober, qu'ils étaient eux-mêmes dans la Résistance avec ce copain, partageant tous ses dangers, vivant toutes ses transes et liés à lui par les secrets les plus importants visant la Libération du Pays. Mais oui, c'est ainsi que les choses se passent à Bordeaux.

Mais que voit-on encore ?

Partout ailleurs, les F.T.P. obéissent au moins à de Gaulle et à la République. Des communistes eux-mêmes font partie du gouvernement. Le Parti Communiste enfin marche la main dans la main avec de Gaulle. Mais à Bordeaux c'est différent. Les F.T.P. ne veulent obéir à personne. On ne sait même pas s'ils consentiraient à obéir à eux-mêmes.

Partout ailleurs les F.T.P. ont donné le spectacle d'un prolétariat décidé à instaurer enfin la Justice sociale et prêt à collaborer à l'édification d'une œuvre durable de civilisation et de dignité humaine. Mais à Bordeaux on se demande où sont les communistes que j'ai connus, où sont ces hommes courageux et propres, simples et justes qui faisaient mon admiration chaque fois que je les ai approchés. Je n'ai vu dans les rues que des bandes de braillards orduriers, jouant à Buffalo Bill avec le pétard à la ceinture, le foulard rouge au cou, se prenant pour des casseurs, parlant de tout casser et de bouffer le bourgeois. De quoi vraiment faire peur aux conservateurs. Je doute, quant à moi, que ces attitudes de carnaval soient de celles que le Parti approuve. Rien ne pourrait le discréditer plus sûrement ni plus rapidement. Est-ce cela qu'on cherche ou qu'on veut ?

Partout ailleurs… mais à la réflexion, partout ailleurs ce n'est pas non plus parfait. Et peut-être que si je m'aventurais dans d'autres villes, je serais témoin de spectacles assez décevants. Je crois que le tort qu'on a, c'est de vouloir que tout soit parfait. Rien ne sera jamais parfait quoi qu'il arrive, quels que soient les hommes au pouvoir.

Il faut en prendre son parti. Il faut prendre les choses comme elles sont, sans trop attendre ni des réformes, ni d'autrui. Ma nature, certes, est très exigeante. Et c'est une qualité à laquelle je tiens énormément. Mais l'exigence en matière de politique et de gouvernement ne peut qu'être source de déception. On peut être exigeant vis-à-vis de soi, vis-à-vis de son œuvre ; comment pourrait-on l'être pour les autres ? Si l'on veut vivre en paix, ne pas se laisser distraire par les agitations de la rue, les fausses vérités du journalisme et les fantaisies absurdes de l'actualité, il faut demeurer sur la réserve. Et dans des époques bouleversées comme celle-ci, laisser se calmer les esprits avant de s'engager.

Au début de la Libération j'ai pu regretter d'être coupé de Paris, de ne rien savoir de ce qu'y faisaient mes amis et surtout de n'être pas parmi eux. Je ne le regrette plus aujourd'hui. Il me parvient que là-bas aussi, les choses ne se sont pas toujours passées ainsi qu'on aurait pu le souhaiter. Ne serait-ce que chez les écrivains, il semblerait qu'il existe une drôle de salade. Certains se montrent enthousiastes et d'autres plutôt écœurés. Qu'en est-il au juste ? Et que ferais-je sur ce théâtre de marionnettes ? Quel rôle y serait le mien ?

Non, tout compte fait, je ne regrette pas du tout mon isolement. Que le « garçon en celluloïd » ronge son frein à l'idée qu'il n'est pas là pour profiter des places à prendre à la une des grands quotidiens ou aux micros de la Radio, rien que de normal. Quand on est un petit salaud d'arriviste, décidé à tout pour se pousser et jusqu'à passer sur le ventre de ses aînés, comment ne s'impatienterait-on pas d'être éloigné du foyer où se font les réputations du moment ? Mais qu'ai-je à faire avec tout cela ? Avant tout, j'ai mon œuvre à faire. Le reste ne compte guère. La fièvre actuelle tombera. Les histrions de l'heure seront oubliés. Et l'on songera à ceux qui ont œuvré dans l'ombre d'une façon plus durable.

Qu'ils fassent ce qu'ils veulent à Paris, qu'ils continuent à faire les importants ici ou là. Je ne souhaite qu'une chose : c'est de vivre assez longtemps pour venir à bout des quatre mille pages de mon *Ébauche*[34]. Là est ma mission, là est mon destin. Chacun sa route. Mon œuvre sera ce que je la ferai. Je n'ai pas d'autre ambition pour elle que de l'achever. Les problèmes de l'édition commencent déjà à me laisser complètement indifférent. Faire éditer ce que je compose ou ne pas le faire éditer, c'est le dernier de mes soucis. À quoi bon se casser la tête ? Il y a déjà longtemps que j'attends le jour où j'aurai compris la vanité même de l'écriture, du moins de la mienne. En vieillissant, les années m'apporteront de nouvelles sagesses. J'ai vécu assez en l'air, depuis ma libération et aussi depuis la Libération de la France. C'était une crise inévitable. Maintenant, j'ai besoin de me reprendre, de m'isoler dans

34. *Ébauche d'une Mythologie de la Réalité*. Voir note 23.

mon cocon, de retrouver la paix intérieure que j'avais su établir dans ma vie recluse.

Dans quelques jours, Sonia et moi allons nous réinstaller définitivement dans notre maison de Bordeaux. La boucle est bouclée. Cinq ans sont passés depuis que j'en suis parti. Une nouvelle étape de ma vie va commencer. Ces mois vécus ici depuis que je suis sorti des barbelés ont été transitoires. Et c'était une transition que je ne pouvais éviter. J'y ai été quelque peu flottant. J'avais besoin de m'ébrouer. Le calme dont j'avais aussi besoin je l'ai trouvé dans cette paisible retraite autour de laquelle Sonia veillait avec un zèle jaloux et admirable. Mes contacts avec les humains n'ont pas été ce qu'ils auraient toujours dû être. J'avais perdu la manière. On ne subit pas en vain comme je l'ai fait, pendant cinq ans, la dure loi de la jungle et le joug de la Barbarie. Aujourd'hui, la détente s'est produite. J'ai triomphé des embûches du retour dans la vie civile. Je n'ai plus qu'à laisser s'épanouir les résolutions que j'ai prises en captivité, qu'à m'abandonner sagement à mes exigences intérieures. Je sais qu'il n'y avait pas, à vraiment parler, de Temps de la Sottise. La Sottise est inhérente à l'Homme. La Sottise humaine est de tous les temps. Il n'y a plus d'illusions à se faire. La Barbarie a tout de même gagné partiellement son combat, puisque ses vainqueurs mêmes montrent qu'ils sont quelque peu gangrenés par ses méthodes. Il n'y a plus d'autre recours pour l'artiste que de se préserver de l'Hydre.

Je cesserai très bientôt d'écrire quoi que ce soit dans ces Cahiers. Ce dernier achevé et fermé, je les laisserai dormir tous les neuf un long temps et ce n'est que plus tard que je les reprendrai de la première à la dernière ligne pour y recueillir ce qui peut mériter d'être sauvé. J'y ajouterai alors ce *Réquisitoire contre la Barbarie* auquel je songe depuis tant d'années.

Jean Paulhan, dans une de ses lettres, s'inquiétait de savoir quelle aurait pu être mon attitude si je n'avais pas été prisonnier. Ce qui le faisait s'inquiéter ainsi, c'était l'attitude que j'avais affichée avant la guerre. Mais il me rend hommage en ce sens qu'il suppose que ma hargne, ma mauvaise humeur, mon autonomie — pour lesquels on m'aime, ajoute-t-il — m'auraient préservé des erreurs commises, après 40, en France, par la plupart des pacifistes.

Pacifiste et antimilitariste, je le suis, plus que jamais. C'est bien pourquoi, quoi qu'il ait pu arriver, je n'aurais pu être que contre la Barbarie. La Barbarie c'est, avant tout et surtout, la guerre, la soldatesque, la police. Le parti pris en faveur de l'opprimé contre l'oppresseur me préservera toujours des confusions possibles. Jean Paulhan avait raison de tenir compte de mon autonomie. On ne m'entame pas facilement. Ma rigueur est suffisamment connue. J'ai parfois l'air, comme ça, de faire des risettes. Mais je suis plutôt coriace, quant à l'essentiel. Avant 39 j'ai pu pécher par indulgence en faveur de la Barbarie. Je ne voulais pas croire qu'elle fût telle qu'on la dépeignait.

Depuis, j'ai vu l'Hydre. J'ai souffert dans ses griffes. Je n'oublierai plus son visage.

Dimanche 15 octobre 1944

Tout de même, quoi qu'on ait fait, quoi qu'on fasse, les Barbares et Pandore auront gagné leur procès, leur combat. Battus, enfin réduits à l'impuissance, anéantis même, ils auront gagné. Pandore l'avait bien prédit. Il avait très bien deviné que, quelle que fût sa fin, il resterait dans le Monde quelque chose de ses méthodes et de ses principes. Aujourd'hui que les Barbares sont virtuellement vaincus, il n'est pas difficile de voir, partout autour de soi, les traces de leur passage, les marques de leur domination temporaire, même chez ceux qui les combattaient et qui les haïssaient. Oui, hélas ! ici-même, les Barbares sont partis mais la Barbarie est partiellement entrée dans les mœurs. Tout un système de contraintes, de défenses, de vexations, tout un cortège de brutalités, de consignes, de mots d'ordre, impliquant la tendance la plus fâcheuse — la plus barbare ! — à se prendre au sérieux, à se gargariser de grandeur, à s'imaginer une fois de plus qu'on va tout bouffer. Chaque jour on s'aperçoit, qu'inconsciemment ou non, les pouvoirs actuels imitent et répètent ce qu'avaient fait et ce qu'on reprochait tellement aux Barbares. On voudrait, on aurait voulu, que tout soit changé. On est tout étonné de certaine continuité avec un passé odieux, et que les circonstances de l'heure, à mon sens, ne suffisent pas à expliquer, à justifier. Et voilà qu'en fin de compte, devant cette évidence navrante, s'inscrit la certitude où l'on est qu'il n'y a pas autre chose dans ce drame, qu'une crise de conscience.

Crise de conscience énorme, non point nationale d'ailleurs, mais internationale. Ce qui me fait penser que l'habitude que j'avais prise d'appliquer à un seul pays de l'univers et à ses seuls habitants le qualificatif de Barbarie pourrait bien se modifier en une nécessité de l'appliquer aussi à d'autres pays, à d'autres régimes et à d'autres peuples. Oh ! je me défends de tomber dans le pessimisme. Je veux me défendre de jeter le manche après la cognée. Au point où j'en suis il serait tout naturel que je conçoive un dégoût profond pour l'Humanité. Mais je suis fait pour vivre avec mes semblables et je pense qu'il est sage que je me fasse à leurs façons. Sans me faire d'illusions. Le culte du passé, la foi en l'avenir, les manifestations de toutes les orthodoxies religieuses, sociales ou politiques, tous les grands mots d'ordre, les éternelles promesses de renouveau, les assurances que chaque époque veut donner que les choses vont enfin changer, voilà tout ce contre quoi mon esprit critique tient à rester en éveil. Appelons ça, si l'on veut, une sorte d'anarchisme passif. Mon cœur, mon esprit seront toujours, indéfectiblement, du côté de ceux qui souffrent et peinent, contre ceux qui les asservissent. Mais mon être même ne peut s'engager dans la lutte. Ma place d'artiste n'est pas dans ce concert. En somme : je délègue mes pouvoirs. Je dis à ceux avec lesquels je suis de cœur et d'esprit : allez-y. Je suis avec vous. Jamais je ne vous causerai le moindre tort. Je vous approuverai en toutes circonstances, même si vos décisions doivent m'être personnellement préjudiciables. Mais n'exigez pas que je consacre mes forces et mon temps à votre juste cause. D'abord parce que j'ai toujours été contre l'intrusion des artistes dans la chose politique. Ils ont une mesure de l'univers qui ne colle pas du tout avec celle qu'il convient de respecter en politique. Ensuite, parce que j'estime que la meilleure façon que j'aie de servir cette cause, ce n'est pas dans l'action directe — pour laquelle, de toute évidence je ne suis pas fait et où, donc, je ne pourrais jamais donner que les plus médiocres résultats — mais par la façon dont je peux témoigner sur mon époque. Ceci, sans que je puisse, un seul instant, me faire la moindre illusion sur les résultats possibles. De ce côté, je reste terriblement sceptique. Faire sans croire. Faire comme si la perfectibilité existait, en sachant bien qu'elle n'existe pas.

Dans ces conditions, il ne me reste pas autre chose à faire que de me tourner tout entier vers mon œuvre. C'est elle qui doit porter témoignage de tout ce qu'il peut y avoir de valable en moi. Dès maintenant, je sais que je peux en assumer la pleine et entière responsabilité. Pour la faire, je n'ai plus les yeux tournés vers l'extérieur, vers les œuvres d'autrui. La plume à la main, je ne pense à personne, je ne me préoccupe plus d'aucun style. Je me laisse seulement emporter par mes propres exigences et, mieux encore, par ma nature. Ainsi, je ne cherche pas à être le maître de mes livres. Je les laisse être ce qu'ils ont envie d'être aux yeux des gens de maintenant ou de plus tard : bons ou mauvais. Tout dépendra de la valeur des choses que je crois avoir à dire, du ton avec lequel je les aurais dites. Du moins, les exprimant, j'aurai eu cette satisfaction de les livrer dans toute leur authenticité, sans le moindre pastiche, sans surcharge, sans jamais rechercher l'effet ni la complaisance, les atours ni les mirages, l'éloquence vaine ni la rhétorique.

Comment aurais-je pu me manifester, dire publiquement ce que j'avais à dire ? En intriguant, en jouant des coudes, en m'imposant, en sollicitant ? Ce sont des procédés qui m'ont toujours répugné. À cela, je préfère encore le silence. Je rentre tout au-dedans de moi. Autant dire que j'en ai gros sur la patate. Ce n'est pas d'un très bon œil en effet que je vois les principes de la Barbarie — bien loin de disparaître enfin comme je l'avais si fermement espéré — s'installer de plus en plus dans nos mœurs. Allons, il ne faut pas se lasser de le répéter : Hitler, quoique vaincu, a bien gagné son combat ! Cette Barbarie dont il est si fier, il a bien réussi à l'imposer au monde entier. Nous ne nous en relèverons pas de sitôt si je m'en tiens aux apparences des choses. La Barbarie est entrée dans les mœurs. Et pour la plus grande joie de la plupart des gens semble-t-il. Il faut dire adieu à la Civilisation. Pour combien d'années ? Pour combien de générations ? Hitler avait vu juste : qui possède l'adhésion de la Jeunesse possède tout. Or qui nierait que l'adhésion de la Jeunesse soit largement accordée à la Barbarie ? Et qui pourrait lui en tenir rigueur ? Ce n'est même pas une trahison. C'est le simple effet de la force des choses. Les jeunes qui poussent n'ont, depuis cinq ans, connu que la Barbarie. Comment imagineraient-ils qu'il peut exister autre chose ? Naturel pour eux les queues immondes aux portes des boutiques, les éventaires des marchands en plein air, qu'ils vendent des fleurs, des huîtres ou des marrons, dans les bureaux ou sur les trottoirs humides des services publics. Naturel pour eux l'obscurcissement des lumières dans les villes. Naturelle pour eux l'obligation de porter sur soi une carte d'identité et de la montrer à tous les coins de rue et à tout venant. Naturel… mais ce cahier ne suffirait pas pour dresser la liste de toutes les institutions importées par la Barbarie et que les gens ont si bien assimilées qu'on a vraiment l'impression qu'il leur manquerait quelque chose si l'on revenait à la norme. Quand on leur rappelle le temps où l'on vivait réellement en République et en Liberté, où ces mots de République et de Liberté voulaient vraiment dire quelque chose, ils vous regardent d'un drôle d'air. Mais pourquoi les gens ne seraient-ils pas intoxiqués ? Le gouvernement actuel ne l'est-il pas lui-même ? De même que la Barbarie faisait chez elle du Socialisme truqué et qu'elle avait poussé l'habileté et l'hypocrisie jusqu'à appliquer férocement des méthodes de tyrannie et d'oligarchie en ne cessant d'affirmer sa volonté de faire le bonheur du peuple et d'assurer la justice, le gouvernement d'aujourd'hui jette à la tête des gens ces beaux mots de République et de Liberté pour les maintenir dans une douce illusion, pour leur jeter de la poudre aux yeux et leur faire prendre des vessies pour des lanternes, mais sous ces beaux mots prostitués il n'y a qu'une volonté de dictature et d'oppression. Eh bien ! allons-y, enfonçons-nous bien dans l'obscurité, dans les queues de clochards, dans les méandres infects de l'inquisition quotidienne. Hitler avait bien dit que son règne serait apocalyptique. Gorgeons-nous d'ignominies. Reculons vite jusqu'aux âges les plus reculés de la Barbarie et de l'Animalité. Vautrons-nous dans l'ombre. Faisons de nos villes, de nos maisons, de nos campagnes même ou de nos rivages marins des forteresses et des geôles. Peut-être allons-nous voir une loi interdire aux gens de profiter de la lumière solaire ou de s'y exposer ? Nous entrons dans le siècle de la peur et des ténèbres. Et si nous disons cela devant les gamins de quinze à vingt-cinq ans, néophytes du maquis, nous nous faisons traiter de vieilles badernes. Eh oui ! nous radotons. Parler du bon vieux temps, mais c'est là une attitude de grand-père. Ces temps sont révolus. Il faut marcher de l'avant ! Vive la Barbarie triomphante ! Réjouissons-nous ! Glorifions-nous de notre génie ! Bientôt nous mangerons nos propres excréments avec délices ! Tout le monde pauvre, tout le monde dans la misère ! Bannie la Beauté ! Banni l'Art ! Que faire d'autre ? Tout est détruit ! Au XXe siècle, il faut des autorisations sévèrement motivées pour voyager. Il y a de tout à gogo pour se ravitailler, mais il n'y a pas de transports ou du moins pas d'organisation des transports. Du raffinement, des manières policées, de l'urbanisme, des loisirs, en un mot de la Civilisation, au XXe siècle il n'en faut plus. C'était bon, ça, pour les siècles passés. Ce qu'il nous faut à nous, sots du XXe siècle, c'est le bienheureux retour à l'âge des cavernes, à l'âge du fer. Grattons le sol avec nos ongles. Mangeons notre pitance avec nos doigts. Voyageons à pied. Vêtons-nous d'herbes ou de feuilles. Et, comme les Barbares, cherchons le Bonheur dans la Grandeur, c'est-à-dire dans les épreuves, dans les privations, dans les empêchements de toutes sortes. Soyons tous armés de pied en cap. Ayons tous des âmes de soudards, pillards et voleurs, corrompus et resquilleurs. Déjà, nous nous sommes donnés pour maître, successivement un Homme au Sabre, chevronné celui-là, le Vieux Baveux, l'ignoble Vieux Baveux, puis un autre Homme au Sabre, tout jeune celui-ci. C'est magnifique ! Je suppose que le prochain Parlement siégera tout entier en costume de Capitaine de Hussards. Tout le pays en uniforme, le pétard à la ceinture. Des brassards, des insignes pour tout le monde. Hommes et femmes, petits garçons et petites filles au pas cadencé. Scrogneugneu ! Et hop ! comme un ressort !

Il n'y a pas jusqu'à la littérature qui ne s'enrégimente. Mais oui, bien sûr ! Allons-y pour la Nationalisation. Le romancier, le poète, le philosophe, fonctionnarisés. Ce qui n'empêchera pas la République des Petits Camarades, l'Assiette au Beurre de la Liberté. Un Comité National des Écrivains, groupant les résistants ? J'ai appris son existence en septembre 1944, depuis janvier 1944 que j'étais revenu de captivité ! Personne ne m'avait jamais demandé d'y participer, d'y entrer. Personne ne m'avait seulement signalé son existence. Sans doute supposait-on que j'étais suffisamment renseigné, dans mes Barbelés, sur les activités clandestines. Je me demande encore comment je l'aurais été ? Total, je me trouve tenu à l'écart, dans l'impossibilité matérielle de faire entendre ma voix, de manifester même mes sentiments.

Ça ne fait rien ! Pendant tout ce temps, j'apprends qu'on prépare une Anthologie des publications clandestines. Sans blague ! Les auteurs qui ont été à la peine, il est bien juste qu'ils soient à l'honneur. Ben parbleu ! Ça me fait penser, en fait d'Anthologie, que je pourrais en préparer une, moi aussi, d'Anthologie, et une fameuse !

Oui, Beaux Messieurs de la Gent de Lettres parisienne, une Anthologie de derrière les fagots si je puis dire. Oh ! ce ne serait pas une Anthologie comme les autres, une Anthologie pour laquelle il ne faudrait pas beaucoup de papier, une Anthologie de Bâillonnés, de tous ceux qui, comme moi, ont été bâillonnés depuis quatre à cinq ans ! Je vois assez ça sous la forme d'une sorte de stèle, à demi-funéraire, où seraient seulement gravés en noir les noms de ces enterrés vivants dont tout le monde se fout éperdument. Quant au texte, invisible, les bons yeux, les yeux qui n'ont pas peur des dures vérités, pourraient cependant le deviner, par imagination, sur la pierre restée blanche. Que dites-vous de mon projet d'Anthologie ? Original n'est-ce pas ? Et qui dit bien ce qu'il veut dire, ne trouvez-vous pas ?

Reclus, persécutés, ruinés, bafoués, ce n'était pas encore assez, sans doute ! Nous cédons la place aux héros de l'heure. Quinze jours ou deux mois de Fresnes et l'on est un héros. Six mois de maquis ou trois jours de barricades et l'on en est un autre. Ça vous donne tous les droits. Et alors, à ces Beaux Messieurs de la Résistance, les micros, la Une des grands quotidiens, les honneurs, les hommages, la reconnaissance du pays tout entier, l'assurance qu'ils ont sauvé le Territoire, la diffusion généreuse de leurs moindres écrits. Ben parbleu ! Qui y trouverait à redire ? C'est justice ! Et ce n'est pas moi qui m'élèverais là-contre. Je me rends bien compte que je n'ai pas voix au chapitre.

Je n'ai pas assez subi, pas assez souffert. Dans les Barbelés, elles m'ont cependant coûté assez cher mes convictions d'anti-fasciste et surtout cette obstination avec laquelle — mon petit titre de gloire — j'ai refusé les hommes de Vichy, du Vieux Baveux au plus obscur de ses séides, et cela, dès le premier jour, dès mon premier jour de réclusion, dès le 26 juin 40. Mais ce n'est pas assez sans doute pour mériter un brevet de loyalisme. Qu'est-ce qu'on en a à foutre de mes quarante-trois mois de barbelés, de mes quarante mois de camp de représailles ? Il fallait vous évader disent les uns. Je n'ose même pas répéter ce que disent les autres pour ne pas leur faire honte ! M'évader ? Vous en parlez à votre aise mes Beaux Messieurs de la Résistance ! Vous savez donc si mon état de santé me permettait d'y penser ? Si ma vue m'aurait permis une évasion, moi qui suis incapable de faire un pas dans la nuit sans être conduit par la main ?

Eh bien ! je continuerai à voir les Journaux et les Revues me bouder. Ma hargne trouvera son exutoire dans ce vieux cahier. Je laisse les Marionnettes du Jour à leurs Théâtres. Qu'elles endossent le travesti du Bateleur. Qu'elles montent sur les Tréteaux. Déjà, je vois ceux-ci encombrés par les habiles et les opportunistes, par les tièdes d'hier, par les frénétiques d'aujourd'hui. Allez-y, ne vous gênez pas pour moi ! C'est toujours la Foire d'Empoigne qui continue. C'est-y pas plus gentil comme ça ? Oui, il l'a bien gagné, son combat, le petit père

Hitler ! Ça y a pas à dire ! Barbarie pas morte, pas morte du tout ! Donnez-vous en à cœur joie, mes Beaux Messieurs ! Et moi, je vous emmerde !!!...

Reprenons souffle. J'ai laissé ma hargne m'emporter. Je n'en suis pas fâché, au fond. Ça m'a fait du bien. Y faut ce qu'y faut ! Je me sens un peu plus calme, maintenant. Je me demande ce que penserait de la situation mon maître Diogène s'il revenait aujourd'hui parmi nous ? Oui, crise de conscience ; monstrueuse crise de conscience ! Oh ! nous devons traîner ça après nous depuis longtemps, depuis des siècles peut-être, et, pendant longtemps, ça n'a pas trop paru, ça couvait, sous roche, chaque génération nouvelle accentuant petit à petit la folie de l'univers, exaltant davantage les errements hérités de ses aînés. Oh ! tout marchera quand même, sans doute. Tout finira non pas par s'arranger mais par donner l'illusion que ça a pu s'arranger d'une manière ou d'une autre. J'ai donc bien tort de m'en faire. Peut-être suis-je un peu trop sensible à l'apparence présente des choses. Le temps apportera sans nul doute des solutions plus favorables et plus agréables. Les rouages s'assoupliront. Oui, cela, je veux encore l'espérer. Dans quelques mois, dans quelques années, sans doute nous sera-t-il plus facile d'avoir l'illusion que la Civilisation a repris vie et forme. Les contraintes les plus choquantes auront disparu. Les lacets de la camisole de force se seront desserrés. J'en accepte l'augure. Mais cela n'aura rien changé au fond des choses.

La crise de conscience n'en existera pas moins à mon sens. Les conditions vitales pourront avoir changé et pourront aussi avoir modifié le comportement extérieur des individus. Mais le mal est plus profond. C'est dans le conditionnement des jeunes êtres qu'on peut le découvrir. La Conscience est bien malade. La Barbarie a tout de même gagné son Combat. C'est un fait !

*

Je vis dans le plus triste isolement. Je ne sais à peu près rien de ce qui se passe. En temps ordinaire, je fuis plutôt les nouvelles. Je n'ai jamais eu le sens de l'actuel. Je ne vis guère dans le présent. Mes préoccupations essentielles sont de tout autre ordre. Mais, en ces mois exceptionnels, d'être aussi complètement coupé du monde littéraire que je le suis, est passablement déprimant.

En tout et pour tout — je ne compte pas ici les lettres presque quotidiennes de Louis Émié[35], qui me tient minutieusement au courant de chacun des poèmes qu'il enfante — je n'ai reçu jusqu'ici qu'une réponse affectueuse d'Henri Calet[36] encore dans l'Ardèche mais qui

35. Raymond Guérin connaissait le poète bordelais Louis Émié depuis 1936. Il fut son principal correspondant durant tout le Temps de la Sottise. Guérin a d'ailleurs rédigé à cette époque un long essai sur l'œuvre de son ami : *Introduction à la poétique de Louis Émié* (inédit).

36. Henri Calet fut une des grandes amitiés littéraires de Guérin. Leur correspondance a été publiée aux éditions du Dilettante en 2005.

s'apprête à monter à Paris et qu'un mot de Pierre Béarn, de Paris, qui s'inquiète lui-même de mon silence forcé. J'ajoute à ça le mandat-carte de mes mensualités d'août, septembre et octobre que Gaston Gallimard vient de me faire envoyer et qui constitue malgré tout, pour moi, un petit signe de vie. Rien d'autre.

Ce manque d'écho, ce manque de contact, tel que je n'en ai pas connu de semblable pendant toute la durée de ma captivité, n'est guère favorable au travail, à la liberté et à la concentration d'esprit nécessaires au travail. Moi qui ne tiens pas de Journal et qui ne vis pas à Paris mais dans l'isolement intellectuel d'une ville de province où — je veux dire, quand j'aurai réintégré Bordeaux —, mise à part la compagnie de Louis Émié, seul représentant des Lettres dans cette masse amorphe de 500 000 humains, je ne peux parler avec personne de mes plus profondes préoccupations d'écrivain ; j'en suis réduit aux échanges de correspondance avec ceux que, dans le monde littéraire, je considère comme mes maîtres, mes conseillers, mes pairs ou mes amis. Or, depuis trois mois, plus une seule lettre ne me parvenait. Je ne pouvais chercher qu'en moi-même les forces qui sont nécessaires à l'accomplissement de l'œuvre que je me suis imposée. Une fois de plus, il m'a fallu avancer sans me soucier d'approbation quelconque ou de critique judicieuse. Ce n'est pas que je ne sache pas désormais où je veuille en venir. Le plan et la forme de mes livres encore à écrire sont fort bien arrêtés dans ma tête. Mais il n'est pas aisé de mener à bien une œuvre qui s'avère de plus en plus comme devant non seulement surprendre mais provoquer les plus violentes réactions, si parmi même ceux, si rares, qui sont susceptibles de me soutenir et de me pousser à continuer cette lutte, aucune voix de sympathie, aucun témoignage d'attention ne se font entendre. Pas aisé, non ! de s'acharner entre deux déserts, celui, insondable et sans limites de la foule, celui, tout nouveau et tellement inattendu de ceux qui jusqu'ici ne m'avaient jamais manqué !

Mais aussi, pourquoi s'acharner ? Dans vingt ans, peut-être avant, j'aurai fait le grand saut. Devant ça, est-ce que les quelques raisons qui font que je m'agite encore, ne paraissent pas dérisoires ? Du moins, j'ai gagné ça, en ces cinq années de sottise, c'est que je ne tiens plus du tout à la vie comme autrefois. C'est sans la moindre révolte que je verrais ma vie s'achever demain, abruptement. Perte de l'instinct vital, sans doute, vieillissement ? Ça a pour conséquence qu'il n'y a pas actuellement de puissance au monde capable de me faire renoncer à quelque chose à quoi je tiendrais. Je ne crains plus aucune menace. Je suis blindé. Un pétard sur la tempe ? Et puis après ? Tirez, mais tirez donc ! Je ne démordrai pas d'un poil. Ça donne tout de même une force.

Bordeaux 20 octobre 1944

Ainsi, maintenant, la boucle est bouclée. Soixante-deux mois après, plus de cinq années s'étant écoulées, me revoici, à l'aube de la quarantaine, dans cette maison où j'avais patiemment composé les éléments d'un cadre agréable et que je retrouve, pillée, souillée, abîmée par les Barbares.

M'installer ailleurs ? Oh ! certes, nul plus que moi ne l'eût désiré. Ne plus rentrer dans ces pièces, ne plus s'asseoir dans ces fauteuils, ne plus coucher dans ces lits qui gardent encore l'odeur écœurante du Barbare, c'est bien là ce que j'eusse voulu pouvoir faire.

Mais où aller ailleurs ? Je n'ai plus d'argent pour me permettre cette fantaisie. Je dois me servir du peu qui me reste d'objets, de meubles, de hardes. Je ne peux pourtant pas aller coucher sous les ponts ?

Pas de doute ! pendant ces cinq années volées, j'avais imaginé un autre retour que celui-là. Même ma joie du retour, même ma joie de la liberté retrouvée, il a fallu que les Barbares me l'empoisonnent. Ils ont bavé sur mon bonheur, et ils l'ont sali. Mes émotions mêmes, sont mutilées. Ce matin, venant de Périgueux à Bordeaux, par la route, sur le camion qui portait nos affaires, je me disais que ce retour dans ma ville était enfin le signe que quelque chose dans ma vie était fini, que quelque chose d'autre allait commencer. C'était enfin le vrai retour après cinq ans d'absence ou de réclusion. Va te faire fiche ! Pas la moindre émotion. Et cependant, ça, je ne peux pas le nier, c'est aujourd'hui vraiment que je rentre chez moi, que je retrouve mes livres (ceux qui me restent) et mon lit. Depuis janvier 1944 j'étais bien libéré — sinon libre — et j'avais pu m'unir enfin à Sonia[37]. Mais c'est aujourd'hui seulement que cette période de sottise s'achève pour moi. C'est aujourd'hui seulement que je suis revenu à mon point de départ.

Enfin, je vais pouvoir essayer d'être l'homme que j'ai préparé pendant ces cinq années. Tenu compte du temps dont je pourrai disposer, du cœur que j'aurai à poursuivre les buts que je m'étais fixés, des facilités que me laissera l'époque, de la tranquillité qui me sera accordée par les turbulents, je vais me remettre au travail. Des milliers de pages noircies pendant ces cinq années m'attendent. Qu'en vais-je savoir et pouvoir tirer ?

Toutefois, au terme de ces pages, ce qui domine ma pensée c'est l'idée de la mort. Ce n'est pas que la mort m'obsède. Au contraire, jamais je n'ai vécu dans une semblable familiarité avec elle. Je veux dire que je me vois fort bien mourir très bientôt et que cela ne m'effraie nullement. La santé semble potable. J'ai moins de migraines.

37. Raymond Guérin a épousé Sonia Benjacob le 14 janvier 1944, à la mairie de Saint-Michel-de-Montaigne en Dordogne.

Et, à condition de la ménager, il semble que ma machine puisse tenir encore un bon nombre d'années. Mais c'est la vie qui ne m'amuse plus guère. Moi qui aimais tellement vivre ! qui me jetais avec une telle pétulance au-devant d'elle ! Fini, tout ça. Je me fous à peu près de tout. Et à peu près tout me laisse absolument insensible. Les spectacles ne mordent plus beaucoup sur moi, le cinéma même dont j'étais pourtant piqué... le théâtre enfin... Quant au spectacle de la rue, je le trouve de jour en jour plus laid, plus répugnant. L'amour ? Que dire de l'amour que n'alimente pas l'habitude d'une vieille tendresse ? L'amitié ? Qu'elle serait merveilleuse s'il n'y avait pas les faux amis, si la plupart des êtres auxquels on s'attache ne s'efforçaient de vous décevoir ! Restent les voyages. Mais ceux, forcés, que j'ai dû faire depuis cinq ans m'ont apporté un écœurement indicible. Tout me fatigue et m'ennuie : les gens, les villes, les campagnes, le travail comme l'amusement. Il me semble qu'il y a peut-être encore une chose qui pourrait encore un peu me raccrocher à l'existence, c'est de dormir à poil au soleil, au bord de la mer. Les heures que j'ai passées tout ce printemps, et tout cet été, à Barnabé, sur les bords de l'Isle, avec Sonia, m'assurent que voilà du moins un goût qui ne s'est pas émoussé. Sans doute le soleil à l'intérieur des terres ne vaut-il pas le soleil marin, ni l'eau de rivière l'eau de mer, c'était quand même quelque chose. Hélas ! déjà dix mois que je suis libéré, déjà deux mois que la France l'est, mais je ne vois pas encore quand je pourrai revoir la mer. Peut-être au printemps prochain ? Mais j'en viens à appréhender ce moment. Dans quel état les côtes seront-elles ? Les plages minées, infestées de barbelés, le rivage lui-même abîmé par les fortifications ou par les tirs qui ont dû les détruire. Dès lors, comment retrouverai-je la grande paix que j'attends de la mer ? Pourtant c'est ce qui me raccroche encore un peu. C'est là que je place mon ultime espoir. Ne vais-je pas au-devant d'une atroce déception ? Que me restera-t-il alors ?

En attendant, je n'aspire plus qu'au silence, qu'à la solitude. En dépit de tout, tant que je pourrai trouver du plaisir à poursuivre mes gribouillages, ça ira. Si ça aussi venait à casser, je me demande ce qui resterait pour me donner quelque goût de vivre. Voilà où m'ont réduit quatre années de réclusion, cinq années de Sottise ! Est-ce un progrès, est-ce une faillite ? Faut-il appeler ça de la Sagesse ? Triste sagesse, alors ! et que je ne souhaiterais jamais à personne. Tout me paraît vain, désenchanté, pourri, truqué. Par quel coup de baguette retrouverai-je un monde doué d'apparences plus favorables ? C'est que je ne suis même pas sûr de posséder la Vérité. Ma désespérance actuelle n'est peut-être qu'un état psychique, que le résultat d'une crise physiologique ? Ce n'en est que plus lamentable alors. Jamais je n'ai moins cru à la réalité des choses qui m'entourent. Chaque heure vécue devient pour moi cauchemardesque.

Vais-je enfin rétablir l'équilibre ? Je n'ai même plus de désirs... Dormir, oublier, oublier...

ACHEVÉ D'IMPRIMER
EN JANVIER DEUX MILLE VINGT-QUATRE
PAR L'IMPRIMERIE FLOCH À MAYENNE.